Winfried Rathke

Wein-Poesie

genüßlich · trinkfreudig · sauflustig

Erster Teil

„Vergeblich klopft wer ohne Wein ist
an der Musen Pforte"
(Platon)

„Was Du heute kannst entkorken,
das verschiebe nicht auf morken"
(Rathke)

Menippos-Verlag

▶ Menippos-Verlag

Winfried Rathke
Kreuzweg 12
65366 Geisenheim

Telefon: (06722) 64073
Telefax: (06722) 750095

www.winfried-rathke.de
www.menippos-verlag.de

Alle Rechte vorbehalten.
Copyright © by Menippos-Verlag
9. Auflage 2014

MENIPPOS
Griechischer Kyniker, schrieb Verse und Prosa
kritisch, komisch, spöttisch, burlesk.
Der Historiker Theodor Mommsen urteilt über ihn:
„Ein lustiger Meister ernsthafter Weisheit, Vater der Feuilleton-Literatur"
Der Autor dieses Buches besuchte die Heimat des Menippos
in Gadara, dem heutigen Umm Qais (Jordanien)
und ist ihm seit dieser Zeit in besonderer Weise zugetan.

Inhalt

Inhalt

Vorwort ... 8

Sachliches

Der Winzer	9
Die Weinbestandteile	10
Die Farbe des Weins	12
Rebsorten &. Cuvées	13
Hybriden	14
Der Küfer	15
Das Weinfaß	16
Diogenes, der Faßbewohner	17
Weinflaschen	18
Das Etikett	19
Flaschenpfand	20
Der Drehverschluß	22
Weinböden	24
Terroir	25
Weinlese und Verarbeitung	26
Rotwein	27
Rotweinflecken auf der Bluse	28
Rotweinflecken auf der Hose	29
Weinseminare	30
Das Weingesetz	31

Qualitatives

Erstes Gewächs	32
Prädikate	33
Große Gewächse	34
Auslesen	36
Eiswein	37
Die Wirkung des Weins	38

Sensorisches

Vom Schnüffeln	39
Der Sommelier	40
Vom Geschmack	41
Wein-Aromen	42
Tannine	44
Düfte im Weinkeller	45
Der schwarze Kellerpilz	46

Beschwipstes

Der Vollernter	47
Der Weinschluck	48
Vom Glühwein	49
Der Weinstein	50
Veränderungen	51
Weinseliges Liebesgedicht	52
Wozu paßt der Wein ?	53
Die Bein-Trinker	54
In vino sanitas	55

Ergötzliches

Ein Gläschen Wein in Ehren	56
Frühschoppen und Dämmerschoppen	57

Inhalt

Vom Trinken	58
Der Nachdurst	60
Wein-Reime	61

Biblisches

Biblische Weinkonsumenten	62
Noah wird Winzer	63
Lot und seine Töchter	64
In Ägyptens Kelter	68
Winzers Weingebet	69
„Who is who" in der Bibel	70
Die Hochzeit von Kana	71

Mythologisches

Oineus entdeckt den Wein	72
Dionysos besucht Oineus	75
Ikarios und Dionysos	76
Dionysische Mysterien	78
Dionysos und Ariadne	80
Das Bacchanal von Andros	82
Apolls Trankopfer	83
Der Thiasos	84
Dionysos, Bacchus &. Co.	86

Erbauliches

Stoßgebet an St. Urban	87

„Saint Vincent tournant"	88
Benediktiner und Zisterzienser	89
Ballade für Jean Cotard	90
Hafiz in Schiraz	92

Übermütiges

Alkohol Du fromme Salbe	94
exaltiert	95
Weingenuß – bei älteren Herrn	96
Abschleppdienst und Ausnüchterung	98
Die große festliche Weinprobe	100

Bedenkliches

Botrytis cinerea – Die Edelfäule	108
Peronospora	109
Die Traubenwickler-Tragödie	110
Korken	111
Korkgeschmack	112
Der Kork hat Wein ?	112
Wackerbarths Ruh	113

Rheingauer Tröpfchen

Rheingauer Weinbergslagen	115

Inhalt

Der Assmannshäuser Höllenberg	116
Superstar „Cabinet"	117
„Der Johannisberg herrscht über alles"	118
Der Spätlesereiter	119
Rheingau Open 2008	120
„A good Hock keeps off the Doc"	122
Wo's Sträuschen hängt	123
Der Federweis	124
„Der Parrer zappt"	126
Die armen Weinköniginnen	128

Respekt vor großen Nachbarn

Italiens Rebsorten	129
Brunello di Montalcino	131
Chianti Classico	132
Vernaccia di San Gimignano	133
Vino Nobile di Montepulciano	134
Bianco di Pitigliano	135
Sagrantino di Montefalco	136
Prosecco	137
Grands Vins de Bourgogne	138
Der Hecht im Pinot	140
Vins de Champagne	141
Bordeaux-Weine	142
Merlot	143
Urteil	143
Rioja	144
Sherry von Jerez	146
Port vom Douro	147
Abgesang zum Wein	148

Das Sekt-Finale

Vom Sekt	149
Dom Perignon	150
Unsere Sektgrundweine	151
Flaschengärung – Tankgärung	152
Die Kohlensäure	153
CO-2-Ausstoß	154
Aggregatzustand des Sekts	154
Warnung	155
Vom Schaumwein	156
Schlußwort	157

Vorwort

Trauben gab's in Weinbergslagen
vieler Länder, ferner Sagen,
selbst in biblischen Gefilden
bei den Herben und den Milden.

Winzer auch die Händler lachten,
wenn sie an den Absatz dachten.
Trinker, Säufer jubilierten,
wenn sie Weine konsumierten.

Durst dran stillten die Genießer,
schräge Vögel, Künstler, Spießer.
Wein schlürften selbst Angestellte,
auch als Glühwein in der Kälte.

Päpste, Kaiser, Fürsten, Grafen
zechten, ohne mehr zu schlafen,
ebenfalls das Erz-Gelichter
all der Denker und der Dichter.

Auch der Schreiber dieser Zeilen
konnte nur an Versen feilen,
wenn er etwas angetrunken
und vergnügt im Rausch versunken.

Caravaggio: Bacchus
rosig, weinbelaubt
ein Sangiovese im Glas
die Karaffe noch gut gefüllt

Sachliches

Der Winzer

Der Winzer ist fürwahr Genie
für unsre Schluckstoff-Industrie.
Denn ohne ihn gäb's keinen Wein
und deshalb Unlust obendrein.

Man müßte sich, um was zu saufen,
abgestandnes Wasser kaufen,
und nirgends gäb es Traubenlesen,
man würd durch lauter Milch verkäsen.

Der Winzer ist drum Traumberuf,
den einst der Liebe Herrgott schuf.
Wir alle wär'n, soweit das seh ich,
ohne ihn nicht lebensfähig.

„Reicht mir die Hand, ihr Reben ..."
(aus Mozart's Don Giovanni)

Die Wein-Bestandteile

Oft fragt der Orientierungssinn:
Was ist in userm Wein nur drin,
daß er so viele Wunder wirkt
und gleichermaßen Zunder birgt.
Ich will mal alles, was wir kennen,
an Weinbestandteilen hier nennen:

Im Anfang war zum Beispiel **Wasser**.
Das las erst kürzlich der Verfasser.
Aufs Wasser könnt man glatt verzichten,
doch das geht platterdings mitnichten,
weil andre Stoffe, wie wir wissen,
sich in dem Wasser lösen müssen.
Sind die nicht in dem Kondensat,
schmeckt Wasser wässrig, also fad.

Nun wären da die **Glyzerine**,
die gleiten flugs wie Gelatine
auf Schleimhäuten durch unsre Kehle,
und durch den Bauch direkt zur Seele.
Sie sind dort äußerst wichtig, weil
sie führen ja zum Seelenheil.

Auch **Säuren**, die die Schleimhaut ätzen,
können den Weinfreund sehr ergötzen,
weil sie ihm den Geschmack verfeinern
und Zahnstein angenehm zerkleinern.

Aus der Flut von Mineralien
stammen weit're Marginalien.
Kalium härtet schon nach Wochen
unsre weich gewordnen Knochen.
Phosphor im Milieu, dem feuchten,
bringt uns das Gebiß zum Leuchten.

Zucker schenkt dem Wein die Süße,
hilft dem Schlappschwanz auf die Füße,
trübt jedoch auch die Gedanken
und den Harn von Zuckerkranken.

Gerbstoff reizt bei Saufgelagen
angenehm die Wand vom Magen,
stammt von Kernen, Hülsen, Schalen,
Rappen, Stengeln, auch den schmalen.
Manche Leute sind verwirrt,
weil die Zunge pelzig wird.

Bukett entsteht durch Ester meist,
die duften wie der Heilge Geist.
Zudem enthält noch die Mixtur
von **Aldehyden** manche Spur.
Ketone hat man zweifelsfrei
im Wein natürlich auch dabei.

Doch **Alkohol** und sein Äthyl
bildet das schönste Molekül,
weil es beim Trinker unbemerkt
die durchgedrehten Nerven stärkt,
fürtrefflich durch die Adern schwimmt
und Schüchternen die Hemmung nimmt.

Der Alkohol ist wie die Sphinx,
doch rätselhafter allerdings,
sodaß, wer ihn sehr reichlich trinkt,
umfällt, torkelt oder hinkt.

Wein ist Treibstoff fürs Gehirn
und prägt deshalb die Denkerstirn.
Der Rebensaft ist unvergleichlich,
also - trinkt ihn ruhig reichlich.

Wo man trinkt, da laß Dich ruhig nieder,
notfalls ohne Deine Glieder

Die Farbe des Weins

Des Weines Farbe stammt aus Schalen
von Trauben, die zu Brei zermahlen.
Was die Winzer da erheischen
sind in Bottichen die Maischen.
Dorthin wandert ganz spontan
das Pigment Antocyan
in den Most, der sich in spe
weinrot färbt, oder rosé.

Bleibt die Maische lange stehen,
wird der Rotwein unbesehen
immer röter und er funkelt
dunkelrot, selbst wenn es dunkelt.
Männer, die viel Rotwein trinken,
kriegen einen roten Zinken,
denn die Farb steigt in Ekstase
von der Blase hoch zur Nase.

Wird der Most ganz vehement
von der Maische rasch getrennt,
bleibt der Weißwein meistens weiß.
Sehkraft liefert den Beweis.
Doch der Weiße hat oft schon
einen zarten gelben Ton,
und auch golden kann er schimmern,
wenn Pigmente darin flimmern.

Grünen Wein, so meine These,
macht nur die Photosynthese.
Blauer Wein scheint mir verdächtig,
wäre sicher blaukornträchtig.
Schwarz hingegen - bitte nein -
so darf nie ein Weißwein sein.
Denn er wäre sozusagen
Ölteppich, und umgeschlagen.

Rebsorten & Cuvées

Hat man im Glase Rebensaft
allein von einer Sorte,
ist das vielleicht ganz vorteilhaft,
Genuß ohne viel Worte.

Mischt man zwei Säfte miteinand
in der Entstehungsphase,
was ja mitunter interessant,
schwappt ein Cuvée im Glase.

In diesem neuen Binnensee,
gibt's fruchtbare Aromen,
drum steigt des Winzers Renommée,
auch das von Gastronomen.

Der Wein sehr große Vielfalt kennt,
wie leichthin zu erfahren,
er ist ein Lebenselement
seit tausenden von Jahren.

Ob sortenrein, ob nun gemischt,
Du solltest ihn probieren,
da er den Gaumen sehr erfrischt,
und glatt durchspült die Nieren.

Hybriden

Werden zwei Rebsorten gekreuzt,
dann spricht man von Hybriden.
Solch Spiel den Rebenzüchter reizt,
auch Trinker sind zufrieden.

Die Kreuzung wählt man als Patent,
zum Steigern der Erträge,
der Stock wird reblausresistent,
behauptet der Stratege.

Der **Müller-Thurgau** ist ein Mix
aus Riesling-Komponenten,
die kreuzte ein Herr Müller fix
mit Gutedel-Fragmenten.

Die **Kerner Rebe** offenbart,
ihr Riesling sei ganz köstlich,
wenn er mit Trollingern gepaart,
solch Ehe endet festlich.

Die **Scheurebe** in sich vereint
zum Teil noch wilde Triebe,
ihr Rieslinganteil dazu scheint
gemacht für wahre Liebe.

Benedetto Antelami:
Monatsbild „August" Der Küfer
Ein Star im Baptisterium von Parma

Der Küfer

Wer schleicht so flink auf leisen Hufen
hinab zum Keller all die Stufen?
Der Küfer ist es wohl zumeist,
er ist ein echter Kellergeist.

Ganz früher füllte er in Schläuche
was später sollte in die Bäuche,
goß seinen Wein in die Amphoren,
der sorgfältig zuvor vergoren.

Dann blies er sich aus Gläsern Flaschen,
die paßten besser in die Taschen.
Als Böttcher schnitzte er auch stolz
lauter Dauben, die aus Holz.

Dann haute er mit lautem Schnauben
feste Reifen um die Dauben,
schob Faßböden in deren Nuten,
und dann - begann er Wein zu fluten.

Er tanzte mit den Oechslemessern
vor dem Heer von Halbstückfässern,
prüfte, schluckte, nummerierte,
probte, spuckte, inspizierte.

Der Küfer denkt heut funktional,
schmiedet Tanks aus Edelstahl,
greift auch aufs Barrique zurück,
das heut sein Paradestück.

Auf Granitböden und Schiefer
wächst besonders gut der Küfer.

Das Weinfaß

Das Weinfaß ist des Küfers Stolz,
es ist gebaut aus Eichenholz
und Most kann drin vergären.
Und wenn unter des Küfers Hand
ein reifer Wein daraus entstand,
darf er im Faß verjähren.

Ein Kranz aus Dauben wird erstellt,
ein Reif sie gut zusammenhält,
das Faß hat auch zwei Böden.
Zapft man sich Wein für einen Schmaus,
dann läuft er aus dem Spundloch raus,
und das erfreut doch jeden.

Ein Faß muß dicht und haltbar sein,
sonst flüchtet bald der gute Wein,
es droht dann die Misere.
Wenn nämlich starker Schwund passiert,
sind Winzer furchtbar angeschmiert,
dann gähnt im Faß nur Leere.

Wenn rohe Kräfte sinnlos walten
kann man die Weinfässer gut falten
(Schiller)

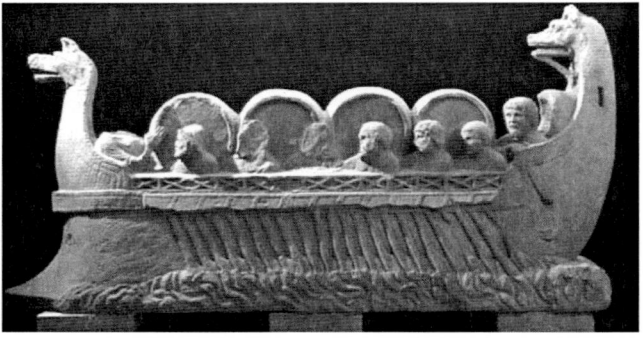

Moselweinschiff
Keltische und Römische Tankschiffe

Diogenes
Der Stammvater der „Grünen"

Diogenes lebte fürbaß
in einem schönen alten Faß,
sodaß ihn mancher ganz gezielt
für eine Art von Küfer hielt.

Sein Heim bestand also aus Dauben,
ganz ohne Dach und ohne Schrauben.
Er war nämlich, was recht kurios,
als Kyniker bedürfnislos.

Sein Denkansatz war spiegelglatt:
Nicht wichtig sei, das man was hat,
bedeutsam nur, das was man ist,
auch wenn man sonst alles vergißt.

Jean Léon Gerôme:
Diogenes mit seinen Kynikern vor der Haustür

Weinflaschen

Flaschen gibt es zu Millionen,
die in Winzerkellern wohnen,

weiße, braune, grüne, blaue,
die ich kaum noch überschaue,

grade, scheppe, dünne, dicke,
exquisite, schlanke, schicke,

große, kleine, krumme, flache,
über die ich manchmal lache,

schlichte und konventionelle,
simple und originelle,

dann auch die verstaubten leeren,
über die wir uns beschweren.

Schön sind nur die tollen vollen,
die wir nun gleich trinken wollen.

Wein ist Poesie in Flaschen
(Robert Louis Stevenson)

Guido Reni:
Bacchus-Knabe mit
geöffnetem Überdruck-Ventil

Das Etikett

Hat sie ein schönes Etikett,
dann wirkt die Weinflasche ganz nett.
Man kauft solch Möbel zum Verzehr,
macht sie auf und trinkt sie leer.
Manch Wein, geschmacklich wunderbar,
wirkt äußerlich doch sonderbar,
denn auf der Flasche klebt ein Blatt,
das nicht sehr viel zu bieten hat.

Es sagt nichts aus, ist farblich schlicht,
den wahren Inhalt ahnt man nicht.
Zuweilen ist es arg verschlissen,
unleserlich, voll Staub, zerrissen.
Und trotzdem ist das Stöffchen Klasse,
genußvoll hebt man hoch die Tasse,
denn Namen sind nur Schall und Rauch,
das gilt für Etiketten auch.

Doch andre Flaschen alldieweil
sind das genaue Gegenteil.
Ihr Etikett ist protzig-grell,
konventionell, professionell,
darauf ein vornehmes Chateau,
mit Greif und Wappen, comme il faut,
geschnörkelt oft sogar die Schrift,
die man am Etikett antrifft.

Doch hat den Wein man eingetrichert,
ist man womöglich sehr ernüchtert.
Ein Schluck genügt, dann ist es klar
der Rebensaft schmeckt schauderbar.
Mein Fazit ist daher skurril:
Das Etikett besagt nicht viel !
Langer Rede, kurzer Sinn:
Was drauf klebt - ist nicht immer drin !

Flaschenpfand

Wenn ich mal einen guten Wein
am Abend so vernasche,
dann sitze ich im Nachhinein
vor einer leeren Flasche.
Die werf ich bei Gelegenheit,
wenn's Wetter draußen schöner,
beschwingt in aller Offenheit
in einen Glascontainer.

Die Glasentsorgung funktioniert
und ist zudem noch billig.
Dann wird mein Winzer instruiert,
ein neues Fläschchen will ich.
Nun mußte man wohl in Berlin
ein Flaschenpfand durchsetzen.
Schon wieder mal ein grüner Spleen,
ich starrte vor Entsetzen.

Der ganze Aufwand ist enorm,
verwaltungsbürokratisch,
wie nutzlos ist eine Reform,
die holprig und dogmatisch.
Wir haben ja in diesem Land
zu unser aller Leiden
das blechverbrämte Dosenpfand,
das schien nicht zu vermeiden.

Jetzt soll, wer einen Riesling zecht,
im fernen Kopenhagen
die leeren Flaschen fachgerecht
zurück zum Rheingau tragen?
Und wenn ein Mensch aus Yukatan
dort Wein kauft, wie empfohlen,
muß er das Flaschenpfand sich dann
in Rüdesheim abholen?

Hygiene hin und Zwangspfand her,
da zwitschert selbst die Meise.
Wir zahlen nun im Nahverkehr
dafür erhöhte Preise.
Die Flaschen aus der Politik,
die ohne Sachverstand,
gäb man nur allzu gern zurück,
auch ohne jedes Pfand !

―――

Der brave Mann denkt an sich selbst zuletzt,
auch wenn er schon vom Wein zersetzt
(Schiller)

Der Drehverschluß

Unser **Naturkork** hat Verdruß,
er wird verdrängt vom Drehverschluß.
Zu oft störte des Weinfreunds Wohl
das üble Tri-Chlor-Anisol,
das manchmal in den Korken steckt
und leider faul und muffig schmeckt.

Die **Kronkorken** sind gleichfalls „out",
weil man dem Blech nicht mehr vertraut.
Der Glas-Stopfen Vergnügen war,
doch ist er plötzlich in Gefahr,
weil er ein bissel teuer ist,
obgleich sein Image treuer ist.

Ein **Tetrapack**, das frisch gebügelt
Papier mit Kunststoffen versiegelt,
scheint attraktiv als Zufluchtsort
für Billigweine zum Export.
Hierin vermutet der Ästhet
eine bescheid'ne Qualität.

Den **Kunststopfen** drückt man allein
in einen frischen Sommerwein,
der nach erstaunlich kurzer Frist
schon in der Speiseröhre ist,
und häufig dann, im Schutz der Nacht,
noch einen heißen Flirt entfacht.

Der **Drehverschluß** ist praktisch dicht,
denn Sauerstoff entweicht da nicht.
Er scheint auch ganz geschmacksneutral,
ist für den Ausschank ideal,
die Flaschen also leicht genießbar,
und dann sofort wieder verschließbar.

Auch wenn die Flaschen Kopfstand machen,
kann so ein Drehverschluß nur lachen.
Sehr preiswert wird er produziert,
und die Sensorik nicht tangiert.
Er jauchzt nicht PLOPP und KLICK und KLACK.
Stattdessen quietscht er KNIRSCH und KNACK.

Gerrit Van Honthorst:
Der Violin-Spieler in einer Trinkpause

Wein-Böden

Die Rebe wächst, da sie bescheiden,
sowohl auf Sand, als auch auf Kreiden.
Auf Muschelkalk, in Löß und Lehm
gedeiht die Pflanze außerdem.

Auf mineralstoffreichem Schiefer
reicht ihr Wurzelwerk viel tiefer,
als bei uns auf Waschbeton,
im zehnten Stock auf dem Balkon.

Die Rebe sprießt auch auf Vulkanen,
in Kleingärten von Wein-Schamanen,
in Stimmritzen vom Buntsandstein,
sowie im Wingert querfeldein.

Besser unzerkaut beißen
als unverdaut schlucken !

Terroir

Terroir – welch vornehm Wort,
schwer verständlich fast für jeden,
ist ein sprachlicher Import
und bedeutet schlichtweg „BÖDEN".

Wie ein Stückchen Land beschaffen,
hydrologisch, biochemisch,
welche Abgründe dort klaffen,
geologisch, akademisch.

Hangneigung und Sonnenstrahlen
muß man wissen, das ist richtig.
Niederschläge in Pauschalen
auch die Wühlmäuse sind wichtig.

Was der Rebstock, der sich windet,
und verwurzelt in der Tiefe,
für ein Mikroklima findet,
den Charakter inclusive.

Terroir sagt frankophonen
Winzern und auch Belletristen
vieles über Erosionen,
aber nicht - den Germanisten !

Weinlese und Verarbeitung

Weinernte, da ächzt der Rücken,
denn man muß sich dauernd bücken.
Unten rutscht der Fuß vermatscht,
oben Deine Schere ratscht.
Schweiß durchdringt die Körperhüllen,
Trauben wollen Keltern füllen,
fliegen erst mal, wenn geschnitten,
salto vorwärts in die Bütten.

Stengel werden dann entrappt,
was ja auch problemlos klappt,
damit man von Bitterstoffen
hinterher nicht so betroffen.
Erntehelfer Zähne fletschen,
Keltern fangen an zu quetschen,
Säfte lösen sich vom Fleische,
dieser dicke Brei heißt Maische.

Doch in den modernen Zeiten,
will der Fortschritt sich verbreiten.
Deshalb rattern auch Maschinen
durch des Winzers Wanderdünen.
Trauben werden weggeschmettert,
aufgesaugt und gleich verschreddert,
und die Maische im Behälter
landet sorgsam in der Kelter

Rotwein

Maische, sag ich mal versimpelt,
die da länger vor sich dümpelt
und mit Gärung schon beginnt,
löst die roten dort verstreuten
Farbstoffe aus Beerenhäuten,
sodaß wir beim Rotwein sind.

Außer langer Maische-Gärung,
hört man manchmal als Erklärung,
wird auch Maische kurz erhitzt.
Dabei ist die Farbausbeute,
die das Auge stets erfreute
kräftiger, was sehr gewitzt.

Früher wurd, was sehr umstritten,
auch mit Deckrotwein verschnitten,
keineswegs mit Roter Tinte.
Panscher werden, wie berichtet
heute sofort hingerichtet
bei Kontrollen mit der Flinte.

Rotweinflecken auf der Bluse

Fließt der Rotwein über Busen,
die verhüllt von weißen Blusen,
gibt es satte rote Flecken,
die oft Damen tief erschrecken.

Um nun Panik zu vermeiden,
sind die Busen zu entkleiden,
möglichst unauffällig aber,
sagte mal ein Jagdliebhaber.

Mund-zu-Mundbeatmung kann
ausprobiern der Nebenmann,
um den Schrecken zu bekämpfen
und die Wutschreie zu dämpfen.

Nunmehr reibt Mann unerschrocken
nasse Oberweiten trocken
und verschalt sie mit adretten
frisch gestärkten Servietten.

Rettung winkt bei Hysterie
manchmal auch durch die Chemie.
Blusen, deren Fleck ein krasser
legt man ein in Fleckenwasser.

Unter sehr geringen Mühen
läßt man sie zwei Stunden ziehen,
und am Ende der Soiree
ist das Opfer schick rosé.

Rotweinflecken auf der Hose

Auch die Herren brüllen laut,
wenn ein Rotwein sie versaut.
Kippt das Glas auf ihre Hose,
dann beginnt schon die Neurose.

Doch es hat kaum Sinn zu lärmen,
oder sonstwie sich zu härmen,
Mann zieht flugs die Hose aus,
denn der Flecken muß ja raus.

Erst die restlose Entblößung,
bringt dem Anzug die Erlösung,
und dann trennt man mit der Schere
aus der Hose die Misere.

Großen Vorteil bietet doch
so ein freizügiges Loch.
Frischer Wind weht nicht alleine
um die unverputzten Beine,

nein, die Mutter aller Schlachten
kann jetzt auch den Slip betrachten
und erkennt dadurch exakter
a) Volumen - b) Charakter

Ja, man kennt bei solchen Helden
besser nun die Körperwelten.
Heute geht ja die Tendenz
hin zu viel mehr Transparenz.

Weinseminare

Heute sind Weinseminare
durchaus keine Mangelware.
Man lernt dort schlicht das WAS-WO-WIE
und auch die Terminologie,

treibt allen möglichen Schnickschnack,
streitet sich über Geschmack,
ist auf Details grad wie versessen,
doch - tags darauf hat man's vergessen.

Und Kosten, die zudem verdutzen,
sind meist höher als der Nutzen.
Im Grund genommen wir erst müßten
solcherlei Seminaristen

göss're Zungen transplantieren,
damit sie mehr Geschmäcker spüren
und zusätzlich durch Gaumenspalten
den Hubraum großflächig gestalten.

Kaum drängt sich das Glas zur Lippe,
lockert sich die Quasselstrippe.

Das Weingesetz

Das Weingesetz, so möcht man meinen,
regelt die Herstellung von Weinen.
Es unterrichtet und schreibt vor,
klassifiziert jedes Ressort,
es strukturiert und überwacht,
von morgens früh bis in die Nacht.

Es überprüft, verlangt, verwehrt,
genehmigt auch mal, was verkehrt,
verbietet manches, was erlaubt
und formuliert es dann verschraubt.
Ja, es vermasselt und vermiest
verbohrt, verpflichtet und verdrießt,

veranlaßt nichts, was längst versäumt,
verwirft, verzwickt, was sich nicht reimt,
verleidet alles, was vergnügt,
verkrampft, verteufelt und verfügt,
verschärft, verbrämt, verplant, verpönt,
doch daran ist man längst gewöhnt.

Nur wenig, was da weingesetzlich,
findet der Weintrinker ergötzlich.
Doch weiß der Winzer voll Entzücken:
Auch Weingesetze haben Lücken !
Ganz abgesehen von den Weinen
ist das zum Lachen, nicht zum Weinen.

Lange bevor der Wein ein Verwaltungsproblem wurde,
war er ein Gott ! (Ortega y Gasset)

Qualitatives

Erstes Gewächs

Meine Güte, welch ein Weinchen,
plötzlich zittern mir die Beinchen,
und ich fühle wohlig Wärme,
im Gehirn und im Gedärme.

Aus hervorragender Lage,
so erzählte man mir vage,
Rebschnitt diesmal sehr speziell,
selbst die Lese manuell.

Selektiv nahm man das Beste,
was man in der Kelter preßte.
Ausbau sehr behutsam, trocken.
Düfte schon im Glase locken.

Gütesiegel selbstverständlich,
das Vergnügen scheint unendlich.
Die Sensorik in mir brütet,
während die Genußsucht wütet.

Leicht ist es, nun abzuschalten.
Schwer dagegen, Maß zu halten !

Prädikate

Einfach sind die **Tafelweine**,
und sie kosten kleine Scheine.
Denn der Winzer darf da Sachen
nach seinem Gutdünken machen.

Schon bei **Prädikatsprodukten**
manche Geizhälse dumm guckten.
Dafür muß man mehr berappen
und kann kaum mehr Schnäppchen schnappen.

Will sie kurz klassifizieren
und auch charakterisieren.
Folgendes Du jetzt beachtest,
falls Du geistig nicht umnachtest:

Kabinett-Wein nie verwechsle,
er birgt über 70 Oechsle,
ist gehobne Güteklasse
und mehr Qualität als Masse.

Eine **Spätlese** gut macht sich,
hat schon deutlich über 80,
kriegt nur der, der tüchtig betet,
wenn ein Reiter sich verspätet.

Auslesen mit über 100,
manche Trinker sehr verwundert.
Liegen auf der Zunge ölig,
und die Zecher gucken seelig.

Nun gibt's über's Mostgewicht
endlich auch mal ein Gedicht !
Unverdrossen reimt nun weiter
auf dem Steckenpferd ein Reiter.

Auch der Dichter Gottlieb Fichte
hatte hohe Mostgewichte !

Große Gewächse

Ein Maulwurf fragte eine Echse:
„Was sind denn bloß Große Gewächse ?"
Die Echse antwortete spitz:
„Du weißt es nicht ?? Das ist ein Witz !"

Dann krümmte sie sich aber heiter
und sprach - wie folgt - zum Maulwurf weiter:
„Große Gewächse sind das Beste
für kultivierte Frohe Feste.

Ihr Ruhm liegt - der Vergleich klingt blöde -
zwischen Porsche und dem Goethe,
also nicht, denn das wär schlecht,
zwischen Volkswagen und Brecht !"

Der Maulwurf darauf enerviert:
„Das find ich reichlich manieriert."
Die Echse legte sich nun krumm
und meinte nur: „Wie bist Du dumm !

Es hat der beste Winzer eben
im Wingert auch die besten Reben,
aus besten Lagen und Parzellen,
wo beste Trauben überquellen.

Man nimmt die besten Rebensorten,
ganz klassische mit andren Worten,
mit ganz besonderen Genesen
die selektiv von Hand gelesen.

Die Menge wird auch strikt begrenzt,
das Qualitätsbewußtsein glänzt,
sensorisch wird sehr streng geprüft,
die Standards sind genau verbrieft.

Saubres Niveau ist dabei Pflicht,
auch hohes Mindestmostgewicht.
Der Winzer ist gewissenhaft,
voll Sorgfalt und auch Leidenschaft.

Und wenn er dann den Wein kredenzt,
wird er mit Lorbeeren bekränzt,
denn Weltklasse ist sein Produkt,
das schließlich der Genießer schluckt."

Nun schwieg die Echse und verschwand.
Dem Maulwurf stockte der Verstand.
Er dachte sich im Stillen leis:
Was ich nicht weiß, macht mich nicht heiß !

Oft guckt der Konsument verkniffen,
und hat noch immer nicht begriffen,
daß Deutscher Wein, mit etwas Müh,
genau so wird, wie ein Grand Cru.

Auslesen

Die **Auslesen** sind rassereine
handgeles'ne Spitzenweine.
Man trifft die Trauben vollreif an,
und **Edelfäule** ist schon dran.
Fruchtig-süß wirkt der Geschmack
bei genauem Zungenschlag.
100 Oechsle Mindestnorm
garantieren Gute Form.

Beerenauslesen sind mehr,
denn **Botrytis** prägt sie sehr.
Überreif sind da die Trauben,
die an höchste Weihen glauben.
Zuckerpegel ist gestiegen,
wenn wir mit Herrn Oechsle wiegen.
125 Grade
finden stets des Winzers Gnade.

Auslese von Trockenbeeren
riesigen Genuß gewähren.
Trauben sind fast wie Rosinen,
die der blanken Wollust dienen.
150 Oechsle grüßen
mindestens durch hohe Süßen.
Zähflüssig und bernsteinfarben
sei der Stoff, nach dem wir darben.

Eiswein

Der Eiswein, wußten schon die Kelten,
gedeiht bei großer Hitze selten.
Drum legt man eben ganz bewußt
die Ernte nicht in den August.
Doch wenn's im Winter schneit und friert
und die Natur vor Frost geliert,
wagt sich der Winzer aus der Hütte
mit seiner Schere und der Bütte.

Er muß sich aber warm bekleiden
und bei der Knochenarbeit leiden.
Gelesen wird bei Minusgraden,
die Fingern und auch Zehen schaden.
Im Wingert rupft er traumverloren
Trauben, die dort tiefgefroren,
sehr geschrumpft und zuckerhaltig,
deren Mostgewicht gewaltig.

Gepreßt ergibt das einen Saft,
der ölig fließt und fabelhaft.
Der Kenner schlürft ihn voll Ekstase,
vor Lust errötet seine Nase.
Die Niere quietscht, die Leber lacht,
ein Heer von Öchsles zieht zur Schlacht.
Der Eiswein uns enorm erquickt,
auch wenn das Eisbein umgeknickt.

Der Eiswein ist, und das steht fest,
nicht der Glühwein, den man preßt.
(Wilhelm Busch)

Die Wirkung des Weins

Der Wein bewirkt sehr merkwürdige Dinge,
die ich nur kurz mal in Erinnerung bringe.
Kaum haben wir ein Gläschen inhaliert,
da sind wir ganz erstaunlich aktiviert.

Der Magen krümmt sich wohlig vor Vergnügen,
Gedanken fangen lustvoll an zu fliegen.
Die Haut wird leicht gerötet und gestrafft,
die Hemmungen entfesselt aus der Haft.

Der Puls jagt um die Wette mit dem Herzen,
der Kopf entläßt den Ernst und neigt zu Scherzen.
Die Endorphine werden plötzlich wach,
der Wille, der so eisern war, wird schwach.

Auch Vorurteile fliegen über Bord,
Versagensängste sausen einfach fort.
Gefühle, die verklemmt war'n, geben nach,
der störende Verstand liegt endlich flach.

Melancholie geht resignierend stiften,
schon tanzen Beine, und dann wackeln Hüften.
Die Seele wagt den Salto – ohne Netz,
und salbungsvoll klingt sogar - das Geschwätz.

Die Schüchternheit ist völlig weggeblasen,
schon jagen durch das Rückenmark Ekstasen.
Kurzum, der Wein macht uns gebenedeit,
und kommunikationsbereit.

Sensorisches

Vom Schnüffeln

Der Weinkenner, ich sag es kraß,
steckt stets die Nase tief ins Glas.
Der Riechkolben soll allgemein
ganz nahe an den Dingen sein.

Bei Weinproben nimmt im Verlauf
die Nasenschleimhaut nämlich auf,
was dunstet und mit Düften winkt,
bevor man dann sein Stöffchen trinkt.

Die Nase hält am Weinglas Wache
und ist mit Scharfsinn bei der Sache.
Wer lange riecht dadurch beweist,
daß man durch Keller weit gereist.

Da zeigt der Weinseminarist,
ob er noch Nasi-Goreng ist,
beziehungsweise schon ein Gast,
der Qualität gekonnt erfaßt.

Hat nun die Schleimhaut aber Schnupfen,
sollt man den Zinken trocken tupfen,
und rasch das Nasenloch verstopfen,
sonst fallen in das Weinglas Tropfen.

Der Sommelier

Der Sommelier sagt unterkühlt,
was er für einen Wein empfiehlt,
wenn man als kleiner Prokurist
zum Rinderbraten Zander ißt.

Er wählt den Grauen Spätburgunder
zu Wachteleiern in Holunder,
stellt routiniert zum Teufelsfisch
ein Kännchen Altöl auf den Tisch,

holt kühn zu hausgemachten Sülzen,
mit grünen Knollenblätterpilzen
und einem zarten Elch-Filet
den Franzbranntwein auf das Buffet.

Gekonnt gießt er mit flinken Pfoten
ohne die Finger zu verknoten,
zum tiefgefrornen Hummermagen
uns Chardonnay auf Kopf und Kragen,

und zwingt den Gast, den er berät
mit frechster Subjektivität,
den besten Chambertin zu kaufen,
um sein Carré d'agneau zu taufen.

Der Sommelier wählt kurz gefaßt
das Falsche, wenn es richtig paßt
und läßt sich reichlich Trinkgeld spenden,
wenn mal die Gaumenkitzel enden.

Er schwebt seriös und polyglott
um Gäste wie der Liebe Gott.
Wenn über mir Radieschen sprießen,
darf er mich mit Grand Cru begießen.

Vom Geschmack

Mancher Weinfreund schlürft behaglich
und verwundert sich geschmacklich.
Ja, er schwört schon schluckzessive
auf bestimmte Adjektive.
Da läßt sich heute vieles bieten,
was dem Gaumen zu vergüten.
Neugier der Geschmackspapillen
soll der Winzer dauernd stillen.

Vieles dünkt uns mineralisch,
cremig, pfeffrig, leicht alkalisch,
duftig, knisternd, elegant,
kraftvoll, zart und dominant,
üppig, tiefgründig, komplex,
füllig, weich ist manch Gewächs,
würzig, sanft und animierend,
rund, charmant, desodorierend,

imponierend, süffig, strotzig,
schwer, verführerisch, sehr klotzig,
auf grazilem Körper tanzend,
hinter Gaumen sich verschanzend,
teils mit lieblicher Finesse,
wie die Rinden der Zypresse,
satter Schmelz, ergiebig, spritzig,
intensiv, firn, aberwitzig,

schleimhautlösend, rauchig, prickelnd,
Zahnstein ungemein zerstückelnd,
unvergoren, muffig, grasig.
Sehr verblüfft schau in das Glas ich,
und stürz alles jedenfalls
vorsichtig in meinen Hals,
hoffe, da der Wein schön fruchtig,
daß der Abgang nicht zu wuchtig.

Wein-Aromen
abenteuerliche Halluzinationen

Der Mensch hat – wie an Fuß und Händen
auch am Kopf viel Nervenenden.
Sie dienen ihm, fernab vom Becken,
zum Riechen, Hören, Sehen, Schmecken.
Genehmigt er sich ein Glas Wein,
schmeckt er nicht nur den Wein allein.

In Schleimhäuten der Zungenrillen
lauern die Geschmackspapillen.
Auch die Nase wird gereizt,
die sonst gerümpft wird, und geschnäuzt.
Man wittert, schlürft, und schmatzt und kaut,
bevor man schluckt und dann verdaut.

Da Weine nun, auch wenn man blind
geschmacklich sehr verschieden sind,
passiert es, daß im Mund die Nerven
bald alles durcheinanderwerfen.
Besonders selbsternannte Kenner
kommen da nie auf einen Nenner.

Was erspürten nun Experten?
Welch Geschmack ließ sich erhärten?
Häufig fand man Ähnlichkeiten
mit Aromen, die erfreuten:
Grüner Apfel, ein Hauch Zimt,
Pfeffer auf dem Zahnfleisch glimmt,

Blaubeer, Maulbeer und Vanille,
Honig, Sanddorn und Kamille,
Veilchen, Himbeer, Aprikosen,
Grapefruit, Quitte, Pfirsich, Rosen,
Pampelmusen, Feigen, Pflaumen,
auch Muskatnuß reizt den Gaumen,

Stachel- und Johannisbeeren,
Kirsche, Zitrus, Koniferen.
Ferner fanden Oinologen,
forschend und streng sachbezogen
Wein verkostend, selbst im Düstern,
mit ganz weit geblähten Nüstern:

Kiwi, Birnen und Melonen,
Weißdorn, Grünkohl-Impressionen.
Zwischen Mokka, Datteln, Mandeln,
Schokoladen-Düfte wandeln,
Mango, Karamell, Lakritzen,
DNA von Ledersitzen. –

Mancher spürt ohn Unterlaß,
dieses raus - oder gar das.
Einer schmeckte wie durch Wunder
Minze, Salbei und Holunder
Ananas - und sogar Rettich.
Letzteres war Unfug, wett ich !

Nun sieht jeder Laie ein:
Wein schmeckt nie - wie Wein allein.
Letztlich sind, bei solch Etüden,
die Geschmäcker zu verschieden !
Ja, selbst Leute mit Diplomen,
sind ein Spielball von Aromen.

Ein Trinkgefäß, sobald es leer,
macht keine rechte Freude mehr !

Tannine

Unsre Haut schätzt Vaseline,
Rotwein aber braucht Tannine.
Denn ganz ohne die Tannine
schmeckt der Wein wie Vaseline.
Das Tannin kann man erbeuten
aus den frischen Beerenhäuten,
ferner aus den Traubenkernen
und dem Stil, - den wir entfernen.

Es schmeckt nicht gerade schmelzig,
nein, es macht die Schleimhaut pelzig.
Mancher spürt hierdurch Beschwerden,
die allmählich schlimmer werden.
Langsam schrumpft im Maul die Zunge
adstringiert wird selbst die Lunge.
Und der Zahnstein, wie wir wissen,
bröckelt ab von den Gebissen.

Das jedoch muß man verkraften,
wenn wir das Tannin versaften.
Gerbstoffe, die uns schön gerben,
sind auch Mittel gegen's Sterben.
Rotwein ist mit dem Tannin
sinnvoll drum als Medizin
und bleibt selbst „für alte Knaben
eine von den besten Gaben,"

sagte einst schon Wilhelm Busch.
Sehr zum Wohl, Kapelle Tusch !

Düfte im Weinkeller

In den Kellern, Düfte wehen,
die uns alle Nüstern blähen.
Mäuse und Ratten wittern beschaulich,
ob dort die Säfte wirklich verdaulich.

Mörtel und Bruchstein setzen Akzente,
Schimmelpilz streichelt Decken und Wände.
Dämpfe entsteigen hölzernen Fässern,
wo sich Aromen ständig verbessern.

Staunend am Boden hört man leis quasseln:
Milben und Flechten, Käfer und Asseln.
Spinnen schnuppern, sind wie von Sinnen,
fallen vom Netz, vergessen zu spinnen.

Siebenschläfer taumeln verwirrt,
haben sich bis an ein Spundloch verirrt,
ein Hofhund hebt betäubt vom Wein
an einem Faß verzückt schon sein Bein.

Und der Winzer hüpft durch den Keller,
wie ein Kreisel, nur etwas schneller.

Der schwarze Kellerpilz
Cladiosporium cellare

Ein Winzer ohne Kellerpilz,
ist wie ein Bauch ohne die Milz.

Das Cladiosporium cellare
hat schwarz verfilzte lange Haare

und hängt zu einem guten Zwecke
in Weinkellern hoch an der Decke.

Ist dort die Feuchtigkeit konstant
und auch der Temperatur-Zustand,

zehn Grad so etwa, jeden Tag,
was dieser Kellerpilz gern mag,

und dunstet Alkohol nach oben
zur Decke hin, die schwarz umwoben,

dann wächst der Pilz von ganz allein,
und das ist gut für Faß und Wein.

Der Schimmel ist für so ein Faß,
wie für den Dichter der Parnaß.

Beschwipstes

Der Vollernter

Die Winzer haben heut Maschinen,
die ihnen für die Ernte dienen.
Ein Vollernter fährt über Zeilen,
an denen reife Trauben weilen
und schüttelt diese mit mobilen
Rüttelstößen von den Stielen.

Doch was im Weinberg nunmehr üblich,
war jüngst für Weintrinker betrüblich,
die fröhlich singend ihre Nacht
in einer Straußwirtschaft verbracht.
Sie wollten bis zum Morgengrauen
noch tief in ihre Gläser schauen.

Der Wirt jedoch war solches leid.
Es war zum Schlafengehen Zeit.
Er holte drum vom Hinterhaus
den neuen Vollernter heraus
und fuhr dann wie ein Wellenbrecher
durch die Zeilen seiner Zecher.

Sie wurden kräftig durchgeschüttelt,
rasant von Tisch und Stuhl gerüttelt,
und fielen auf ein Förderband
ins Abseits, wo die Haustür stand.
Man hörte nur Gekreisch und Sausen,
dann lagen alle Gäste draußen.

Der Vollernter kann früh am Morgen
im Wirtshaus für mehr Ruhe sorgen.

Der Weinschluck

Ein Weinschluck, angesaugt vom Mund
passierte Lippen und den Rachen,
durchpflügte gurgelnd dann den Schlund,
ohne von dort aus Kehrt zu machen.

Ins Speiserohr glitt er flott weiter,
durchtoste einen Schwartenmagen,
im Darm wurde der Strom dann breiter,
um sich zum Ausgang vorzuwagen.

Der After konnt den Schluck nicht halten,
er sauste ungebremst hinaus,
und landete, um zu Erkalten,
als Klecks in einem Treppenhaus.

Dort nahm ein Hund sich seiner an,
sein Herrchen nannte ihn kurz Fips,
und Fips bekam nun irgendwann
von diesem Schluck noch einen Schwips.

Durst ist der Vater aller Trinker
(Heraklit)

Vom Glühwein

Neigt zum Winter sich das Wetter
fallen selbst die Feigenblätter.
Freudlos wird das Paradies,
wenn man fröstelt wie am Spieß.

Eiseskälte lähmt die Herzen,
auch das Eisbein mag nicht scherzen
und der Bandwurm im Gedärme
sehnt sich frierend nach mehr Wärme.

Ja, der Mensch braucht dann in Kürze
große warme Lendenschürze,
die vom Kopf zur Ferse reichen
und auch Brust und Bauch umdeichen.

Doch ein guter Glühweinschoppen
kann die Wärmezufuhr toppen,
Alles, was schon abgefroren,
wächst heran, wie neugeboren.

Würznelken, Zitrone, Zimt
in der roten Lava schwimmt.
Heiß rinnt es durch Speisröhren,
die ein Aufstoßen gebären.

Langsam glühen die vier Backen,
die erquickt heruntersacken.
Wenn nun steigt der Glühweinpegel,
wellen sich die Zehennägel.

Nach zehn Schoppen und zwei Stunden
ist der Mundgeruch verschwunden.
Niemand braucht sich zu erheben,
man kann glatt nach Hause schweben.

Der Weinstein

Ein Ritter auf der Feste Rheinstein
hatte die Leber voller Weinstein.
Da schrieb er seinem Neffen Einstein,
statt Weinstein hätt' er lieber kein Stein.

Da antwortete ihm der Einstein:
Behalt den Weinstein, es ist Dein Stein !
Ich rate Dir das, denn auch mein Stein
ist purer Weinstein. So schrieb Einstein.

Der Ritter wußte nun, auch sein Stein,
der Stein von ihm war wie beim Einstein.
So freute sich hoch auf der Rheinstein
der Ritter über seinen Weinstein.

Es kann der Frömmste nicht mit Frieda leben,
will sie ihm keinen Wein mehr geben
(Schiller)

Veränderungen

Trinkt Mann eine Flasche Wein,
werden große Sorgen klein,
weil der gute Rebensaft
herrliche Betäubung schafft.

In dem Hirn die grauen Zellen
können endlich einmal quellen,
und die kritischen Synapsen
brauchen nicht mehr laut zu japsen.

Weggefegt sind weinerliche
gottesjämmerliche Sprüche.
Mann fällt später plankonkav
in den angenehmsten Schlaf.

Frau vergißt dann die Migräne,
trocknet schnell mal ihre Träne,
küßt beschwipst den treuen Hund,
der laut aufjault auf den Mund.

Wein wirkt immer wieder Wunder,
ganz besonders Spätburgunder.
Doch die Sorgen schallend lachen
leider Gottes beim Erwachen.

Weinseliges Liebesgedicht

Wenn du mich jetzt - zum Weihnachtsfest
bei dir - an deinen Wein nachts lässt,
das wäre von dir nett.
Wenn ich an deinen Wein nachts geh
und dann vor Deinem Bein nachts steh,
käm ich zu dir ins Bett.

Halt ich im Schlaf dein Bein nachts fest,
was mich so glücklich sein nachts lässt,
dann treiben wir es bunt.
Doch wenn Du mir nicht Wein nachts gibst
und nicht zu mir Dein Bein nachts schiebst,
wär ich ein armer Hund.

Wenn ich an Deinen Wein nachts darf,
wird tief in mir ein Schwein nachts scharf,
das glücklich grunzt und quiekt.
Halt bloß nicht Deinen Wein nachts fest,
weil Liebe ohne Wein nachts streßt.
Ich glaube, das genügt !

Trinke, wem ein Trank gegeben,
und laß auch die Kellner leben !
(Ludwig Uhland)

Wozu paßt der Wein?

Die Flasche Wein stand auf dem Tisch
„Der Wein paßt wunderbar zu Fisch!"
sprach meine rote Nase.
Da schrie der Fisch verzweifelt: "Nein,
zu mir paßt nicht der saure Wein!"
und leerte seine Blase.

„Der Wein paßt fabelhaft zu Wild,
besonders wenn das Fleisch gegrillt."
so mutmaßte die Lunge.
Das Wild verschwand in einem Wald
und zeigte mir nur allzubald
von Weitem seine Zunge.

Da goß ich allen Wein in Schwalls
in meinen ausgedörrten Hals
das spülte weg - die Galle.
Auf einmal war die Flasche leer,
fast ohne jede Gegenwehr,
Nun ja, - der Wein ist alle.

Frans Hals: „Trinkender Junge"

Die Bein-Trinker

Es war einmal ein Überbein,
dem schmeckte nur ganz trüber Wein.
Dagegen sog ein Schlüsselbein
viel Wein durch seinen Rüssel ein.

Schon setzte sich das Steißbein
in eine Lache Weißwein.
Ein pensioniertes Schambein
trank nur aus lauter Gram Wein.

Nun äußerte das Wadenbein:
Ich trink nur nach dem Baden Wein.
Meist inhaliert das Brustbein
den Wein vor lauter Lust ein.

Da rief ein dickes Hinterbein,
es möge nur im Winter Wein.
Ein unruhiges Sprungbein
flößte sich Wein mit Schwung ein.

Ein Raucherbein wollt trinken,
da fing es an zu hinken.
Ein ganz verbeultes Hosenbein
soff schon früh morgens Dosen-Wein.

Ein Bein, das wie ein Säbel krumm,
fiel weinselig bei Nebel um.
Ein Holzbein, das schon leicht ergraut,
wurd im Barrique-Faß ausgebaut.

Ja, das – passiert den Beinen
selbst bei den besten Weinen.

In vino sanitas

Gedanken nach einem Kardiologen-Kongreß, der den therapeutischen Segen von Phenolen und Antioxydantien hervorhob.

Im Casino Vanitas,
doch „in vino sanitas".

Wein beschert uns das Nirwana
von der Ahr bis zur Toscana.

Alkohol stärkt alle Glieder,
lehrt uns flotte Schunkellieder.

Später bringt der Sanitäter
für den Abfluß den Katheter.

Herklit, das alte Biest,
sagte deshalb: „alles fließt."

Lüstern flüstern: „Sehr zum Wohle !"
in das Schlitzohr die Phenole.

Und die Antioxydantien
singen: „Heile, heile Gans'chen."

Wer Kohl pflanzt,
kann keine Trauben ernten.
(Brief an die Finther)

Ergötzliches

Ein Gläschen Wein in Ehren

Man sollte sich nicht dauernd wehren
gegen ein „Gläschen Wein in Ehren".
Denn Wein sei nötig und gesund,
im menschlichen Verkehrsverbund.

Das öffne ziemlich regelmäßig
am Herzkranz ein verengt Gefäß sich,
das ohne Weinkonsum verstopfe,
wie auch die Hohlräume im Kopfe.

So wird heut jeder Abstinenzler
hochprozentig zum Demenzler,
wenn er sich nicht, was altbewährt,
zum edlen Weinkonsum bekehrt.

Nur wenn wir alle fleißig trinken,
kann unsre Todesrate sinken,
mit Ausnahme von dem der spinnt
und Säufern, die verstorben sind.

Was du ererbt von Sanitätern,
fließt Dir später aus Kathetern.
(Goethes Faust)

Frühschoppen und Dämmerschoppen

Ein Dämmerschoppen ist probat
und schmeckt besonders delikat,
wenn's draußen langsam dämmert.
Wer ihn früh morgens inhaliert
und obendrein zu hoch dosiert
ist wohl am Kopf behämmert.

Ein Frühschoppen hingegen kann
bei Hausfrau und dem Ballermann
die Lebensgeister wecken.
Man darf ihn, wenn man ein Bacchant,
und falls dafür kein Glas zur Hand,
auch aus der Tasse schlecken.

Der Frühschoppen ist Medizin
besonders für den Pinguin
kurz nach dem Wassertreten.
Der Dompfaff schätzt ihn ungemein
und saugt ihn durch das Nasenbein
sogar noch vor dem Beten.

Der Dämmerschoppen ist beliebt,
weil es der Seele Aufwind gibt,
das kann so schön entspannen.
Mir dämmert es heut immer mehr:
wäre mein Dämmerschoppen leer,
erlitte ich gleich Pannen.

Vom Trinken

Fast jeder Mensch der lacht und singt,
hat dabei Durst, sodass er trinkt.
Denn ohne Trunk käm er ins Stocken,
weil, - seine Kehle wär zu trocken.

Der einen Spezies Mensch genügen
Gewässer in sehr kleinen Zügen.
Wenn sie zudem noch wirklich weise,
dann nippeln sie nur tropfenweise.

Doch Leute gibts, die's Haus verkaufen
und dann von früh bis spät nur saufen,
und ungeachtet mancher Bitten
sich viel hinter die Binde schütten.

Die Folgen solcher Saufexzesse
liest man oft in der Tagespresse,
wozu der ganze Unfug führt:
ein Hörsturz durch das Ohr spaziert,

der Schlaganfall schlägt auf uns ein,
zu Boden stürzt der Becher Wein,
die Zunge lallt, das Hirn ertrinkt,
der Darm sich um die Taille schlingt.

Die Milz zerplatzt, der Atem hechelt,
ja selbst die Speiseröhre röchelt.
Solch Typen - sage ich mal ehrlich -
leben natürlich sehr gefährlich.

Der Mensch wird leider unentwegt
zum steten Trinken angeregt,
ja, Mütter sorgen schon in Wiegen,
dass Babys ihre Flasche kriegen.

Den Trinker plagt auch gern der Zucker,
dann zuckt auch noch der arme Schlucker.
Die Leber wird so hart wie Stein,
auch sein Gefühlsdusel schläft ein.

Die Nase färbt sich dunkelrot,
und - wenn er aufwacht - ist er tot.
Dann ist zwar aller Durst vorbei,
doch jeder Spaß auch nebenbei.

Man zieht ins Grab um, ohne Socken,
liegt unter Tage dann halbtrocken,
und wird besucht nur Allerseelen.
Das kann man wirklich nicht empfehlen.

Wer sparsam saugt am Saft der Reben,
der bleibt in Ewigkeit am Leben,
auch wenn die Welt heut sturmumtost.
Und das beruhigt ! Na dann - Prost !

Der Nachdurst

Der Nachdurst ist ein schlimmes Leiden
bei Gläubigern als auch bei Heiden.
Er ätzt und wütet tief im Rachen,
stört meist beim Singen, auch beim Lachen.

Vom Rachen häufig er schon glitt
bis hin zum Becken, in den Schritt,
brennt dann im ganzen Leibe höllisch
und ärgert nicht nur unterschwellisch.

Bei Branntwein-Trinkern, also Säufern,
bei Fachärzten und Wiedertäufern,
Katholiken, Protestanten,
Wildfremden und auch eng Verwandten,

bei Soziologen, Sozialisten,
Eskimos und Feteschisten,
bei Menschenaffen, Professoren,
und aller Art Honoratioren

ist Nachdurst ernsthaft ein Problem,
solch Zustand also unbequem.
Auch wenn man lange noch nicht tot,
brennt's nach dem Saufexzess im Sod.

Selbst Ureinwohner von Bad Soden
wirft Sodbrennen sofort zu Boden.
Laßt uns nicht lange Phrasen dreschen,
den Nachdurst muß man sofort löschen!

Wein-Reime

Er fällt stets von seinen Rossen,
wenn er zuviel Wein genossen

Junge Liebe, alter Wein,
löst den ärgsten Kesselstein.

Neuer Wein in alte Schläuche ?
Wär nicht gut, da platzen Bäuche !

Es trinkt der Mensch so lang er lebt
und sich nicht frühzeitig begräbt.

Was Du heute nicht kannst trestern,
das verschiebe rasch auf gestern !

Das ist der Weisheit letzter Schluß,
daß ich jetzt noch was trinken muß.

Biblisches

Biblische Weinkonsumenten

Wein genossen schon Hethiter,
die Assyrer und Churriter
auch Ägypter, Ammoniter,
Babylonier und Samniter,
Urartäer, Moabiter,
Sumerer und Kanaaniter,

aber auch die Amoriter,
und Phönizier, Samariter,
Hyksos, Phryger, Jebusiter,
Chaldäer und Edomiter,
Aramäer, Elamiter,
Midianiter, Karmeliter.

Rechnet man das expliziter
mal zusammen realiter,
auch die ganzen Johanniter,
Aquaviter und Leviter,
Aftermieter, Mißkrediter,
kommt man auf viel Hektoliter !

Noah wird Winzer

Als Gott die Sintflut ausgesandt
um Irrsinn zu ertränken
gab er dem Noah schon Verstand,
die Arche schlau zu lenken.

Als später dann das Wasser fiel,
nach mehreren Instanzen,
nahm Noah einen Rebenstiel,
und er begann zu pflanzen.

Sein Wingert wuchs, wurd kultiviert.
Bald gab es pralle Trauben.
Der Noah ist herum stolziert,
Er konnte es kaum glauben.

Mosaik aus dem Markus-Dom in Venedig: Noah pflanzt Wein, erntet und ist volltrunken.

Dann kam der Herbst in Noahs Land,
er rannte aus der Hütte
mit seinen braven Söhnen los,
am Rücken eine Bütte.

Nun ernteten sie edlen Wein,
den füllten sie in Krüge,
und sogen dran, tagaus tagein,
vermutlich zur Genüge.

Und seitdem tun wir es ihm gleich,
bis daß die Ohren sausen,
solange noch die Leber weich,
und unsre Kiemen schmausen.

Lot und seine Töchter
(Hommage an 1. Moses 19)

Herr Lot war ein gerechter Mann,
er trank nur wenig, dann und wann.
Doch zwei mal trank er etwas mehr,
da zwang man ihn gleich zum Verkehr,
laut Bibel sine dubio
und das passierte etwa so:

Sein Häuschen, das in Sodom stand
geriet mitsamt der Stadt in Brand
und zwar laut höherer Regie
als Strafe für die Sodomie.

Da Lot hierdran stets unbeteiligt
und die Gebote streng geheiligt
empfahl ein Engel ihm die Flucht
mit Sack und Pack und Kinderzucht:

„Rennt weg, und zwar so weit ihr könnt !
Himmel-Stern-und-Sakrament !"
und riet - doch keiner wußt, warum - :
„Dreht Euch bitte nicht mehr um !"

Der Lot gehorchte, trotz der Pleite,
und suchte umgehend das Weite.
Und hinter ihm, in dem Getümmel
brach Feuer nieder aus dem Himmel,
es stank nach Schwefel, wie berichtet,
das ganze Land wurde vernichtet.

Der Lot, von Qualm und Glut bedrängt,
lief aus der Stadt raus wie gesengt.
Doch seine Frau, noch im Galopp,
erlaubte sich kurz einen Stopp,

Sie dachte sich, obgleich voll Grauen,
ich will doch mal nach hinten schauen
und sehen, wenn auch ganz glasiert
was hinter mir da so passiert,

riskierte neugierig den Blick
in Richtung Sodom kurz zurück,
erstarrte dabei jedenfalls
zu einer Säule, die aus Salz.

Der Lot sprach zu sich: „Tapfer bleib,
was kümmert dich dein blödes Weib,
mit ihr kannst du ja eh nicht balzen,
weil sie nun Säule, und versalzen."
Drum rannte er nach Kräften weiter,
und das war wesentlich gescheiter.

Der Abend kam, Lot ließ sich bieder
in dem Gebirge häuslich nieder,
saß, voller Trockenheit die Kehle,
in einer ziemlich kargen Höhle,
kein Herd, kein Bett, auch kein WC,
und dachte an sein Heim voll Weh.

Die Töchter jedoch, im Duett,
fanden die Höhle durchaus nett,
möblierten alles drin ganz niedlich,
wie zu Hause, sehr gemütlich.

Doch völlig anders als Herr Lot,
verspürten sie gewisse Not,
nicht etwa so, ganz generell,
oh, nein, ausschließlich sexuell !

Kein flotter Jüngling war in Sicht,
auch reife Männer gab es nicht,
nichts zum Verlieben so kopfüber,
mit Ecstasy im Disco-Fieber,
noch nicht einmal für's Happy-end
ein Höhlenbär zum One-night-stand.

≫

Sie standen deshalb ratlos rum,
schluckten oft, und guckten dumm.
„Wie sollen wir uns hier vermehren,
wo nichts vorhanden zum Verkehren ?"

Da dachten sie in ihrem Kater:
Wir haben doch noch unsern Vater,
es wäre wirklich gar zum Lachen,
wenn mit dem Alten nix zu machen.

Sie füllten ihn, der hingesunken,
mit reichlich Wein, bis er betrunken,
dann hat die erste ungeniert
sich mit dem Papa amüsiert.

Am nächsten Morgen, als er wach
da fühlte sich der Vater schwach,
doch vor ihm hüpfte auf dem Anger
die erste Tochter, und zwar schwanger.

Nun war da noch die zweite Tochter,
die Lot genau so gerne mocht er.
Auch sie hatte Entzugsbeschwerden
und wollte gerne Mutter werden.

Und wieder schenkte reichlich Wein
das Töchterlein dem Vater ein,
bis er betäubt und weinsteinträchtig
seiner Sinne nicht mehr mächtig.
Dann zapfte sie den armen Mann
genau wie ihre Schwester an.

Er konnt' natürlich nix dafür,
da vollgetankt über Gebühr,
und wurd' erneut dann sehr zu Recht
am Morgen wach, enorm geschwächt,

und fragte seine Töchter bloß:
Was ist mit meinem Triebwerk los ?
Ich fühle mich zwar wonnesam
doch ungeheuer lendenlahm !

Was Moses also nicht verschweigt:
Schon wieder ward ein Sohn gezeugt.
Vom Weinfaß fehlten nur Sex Liter.
Die Töchter kamen beide nieder.

So war, obgleich da mancher kichert,
die Nachfolge von Lot gesichert,
Die Töchter glücklich aus der Klemme,
gebaren zwei besondre Stämme.

Die Moabiter war'n die einen,
die man verdankt den guten Weinen.
Und zweitens, durch den Rebensaft
auch noch die Ammoniterschaft.

Hier wird der Fromme leicht verlegen
und möchte leise Zweifel hegen.
Hatten zwei Mädchen dortzulanden
das „Vaterunser" falsch verstanden?

Hendrick Goltzius: „Lot und seine Töchter"
Trautes Heim – Glück allein

In Ägyptens Kelter
nach oben singen, nach unten treten

Keltern mußt man einst mit Hacken.
Draußen oder in Baracken,
trampelten mit ihren Quanten,
meist die Männer, nie die Tanten
in den Bottichen und Dosen
ohne Socken, doch mit Hosen.

Und sie quetschten mit Gesängen,
Halt sich suchend an Gestängen,
aus den glitschig-feuchten Massen
ihren Wein in trübe Tassen,
und den soffen Pharaonen
in den erogenen Zonen.

Solches machten die Ägypter,
die schon damals ausgeflippter,
und mit hornbedeckten Füßen
uns von bunten Fresken grüßen,
die ich sah im „Grab des Nacht".
Also wirklich eine Pracht!

Fresko aus dem Grab des Nacht in Theben:
Schon die alten Ägypter waren clever!

Winzers Weingebet
in einem Keller aufgeschnappt

Vater unser, der Du bist im Keller.
Geheiliget werde dein Wein.
Dein Faß komme
und es fülle unsre Becher,
so wie gestern oder heute,
also hoffentlich auch morgen.

Unsern täglich Rausch gib uns heute
und vergib uns unsern Durst,
wie auch wir bewirten all die Durstigen.
Denn Dein ist der Wein,
sein Genuß eine Herrlichkeit,
in Fröhlichkeit und Geselligkeit !
Sehr zum Wohl !

Im Trockenen kann der Geist nicht wohnen.
(Augustinus)

Jan Sanders Van Hemessen:
Das Christkind greift nach der Traube

„Who is who" in der Bibel

In den Alten Testamenten
schrieben oft die prominenten
Buchverfasser und Propheten,
in Scriptorien nach dem Beten,
inbrünstig und liebend gern
von dem „Weinberg ihres Herrn".

Auch Jesaja, Jeremias,
beide sagten oft auch sie, daß
Israel ein Weinstock sei,
was verständlich zweifelsfrei.
Und das Volk begann zu glauben,
sie seien am Stamm die Trauben.

In dem Neuen Testament,
wie man's bei Johannes kennt,
sprach nun Christus zu uns eben,
er sei Weinstock, wir die Reben.
Hippolyt fügt dazu bei,
daß die Kirche Weinstock sei,

Heilige daran die Zweige,
Märtyrer, die niemals feige,
wären demnach fromme Trauben,
die uns Anbetung erlauben.
Und - die Winzer Engelswesen,
weil sie wundervoll gelesen,

die Apostel jedoch Bütten,
in die all die Träubchen glitten.
Ja, den Wein sah er zumeist
als Symbol vom Heil'gen Geist.
Dem ist nichts hinzuzufügen,
bitte lies es mit Vergnügen!

Die Hochzeit von Kana

Eine Hochzeit war im Gange
Jesus war als Gast geladen
und man tafelte schon lange,
frohgemut mit Gottes Gnaden.

Plötzlich warn die Krüge leer,
und der Weinvorrat zu Ende.
Viele seufzten sorgenschwer,
und man rang verzweifelt Hände.

Doch ein kleiner Zauberstab,
den Herr Jesus Christus zückte,
plötzlich neuen Wein ergab.
Wie das Unglaubliche glückte ?

Es passieren wohl mitunter,
wie ich in der Bibel las,
unbegreiflich große Wunder.
Und - „in vino veritas !"

Jesus konnte solche fügen,
davon machte er Gebrauch.
Wasser wurde in den Krügen
nun zu Wein, ein Wunder auch.

Selbst die Kellermeister staunten.
Ehrfurcht lag nun in der Luft,
und die Hochzeitsgäste raunten,
ob des Weines gutem Duft.

Mythologisches

Oineus entdeckt den Wein

Man fragt sich doch öfter bei einem Glas Wein:
Wie kam der Wein in die Fässer hinein?
Wer hat diesen köstlichen Trunk je erfunden?
Seit wann gibt es Winzer, wie fanden sie Kunden?

Da muß man in erster Linie erwähnen
eine Geschichte der alten Hellenen.
Ein gewisser Oineus, schlicht und gediegen,
hütete täglich die Herden der Ziegen.
Er sorgte für seine Tiere sehr pfleglich,
und Ungewöhnliches war da kaum möglich.

Doch eines tags, war für mehrere Stunden
eine Ziege der Herde verschwunden.
Und als sie zurückkam, da ist sie betrunken
dem staunenden Hirt in die Arme gesunken.
Er trug sie zum Stall und ließ sie da fallen,
sie wollte noch meckern, doch konnte nur lallen.

Am nächsten Morgen, die Ziege war nüchtern,
Oineus fragte sie ratlos und schüchtern:
„Wo bist Du gewesen, was hast Du gesoffen?"
Die Ziege guckte nur ernst und betroffen.
Sie ging zwar in sich, und glotzte verschwiegen,
doch konnte man nichts heraus aus ihr kriegen.

Der Hirte war durch das Schweigen verbittert
und hat vor Wut geschnaubt und gezittert.
Dann zog er erneut mit finsteren Brauen
samt seiner Herde zu saftigen Auen.
Die seltsame Ziege behielt er im Blick
und folgte ihr ständig mit großem Geschick.

Da, plötzlich preschte sie ab, durch die Hecken,
vorbei an verdutzten Käfern und Zecken.
Der Hirte, im Hechtsprung eilends ihr nach
und hielt sie mit forschenden Blicken in Schach.

Die Ziege saß dann, man mag es kaum zu glauben,
vor einem Strauch, der war voller Trauben
und wuchs am Ende von dornigen Pfaden.
Der Strauch war ein Weinstock, was leicht zu erraten.

Die Ziege begann nun die Trauben zu pressen
und schlürfte gurgelnd den Saft wie besessen.
Bald kam es soweit, daß ihr Blick sich verklärte,
weil der Most im Magen zu Alkohol gärte.
Von dort drang er weiter, mit schnellem Getropf
ins Blut, durch den Wendehals, dann in den Kopf.
Dort setzte der heftig gärende Saft
der Ziege die Hemmschwellen bald außer Kraft.

>>

Sie kicherte irre, erregt von Genüssen,
und bedeckte den Körper des Hirten mit Küssen.
Sie schleckte ihm über Bauchfell und Rippen
und saugte sich fest an Nase und Lippen.

Der hielt ganz still und hat nicht gekniffen,
als sich die Ziege an ihm vergriffen.
Er stöhnte nur leise, die Augen verschwammen.
Dann brach die Ziege rülpsend zusammen.

Hierdurch entdeckte **Oineus** den Wein
und pflanzte ihn in einen Blumentopf ein.
Er nannte ihn „**oinos**", laut Altphilologen,
und daraus entpuppten sich viel „**Oinologen**".

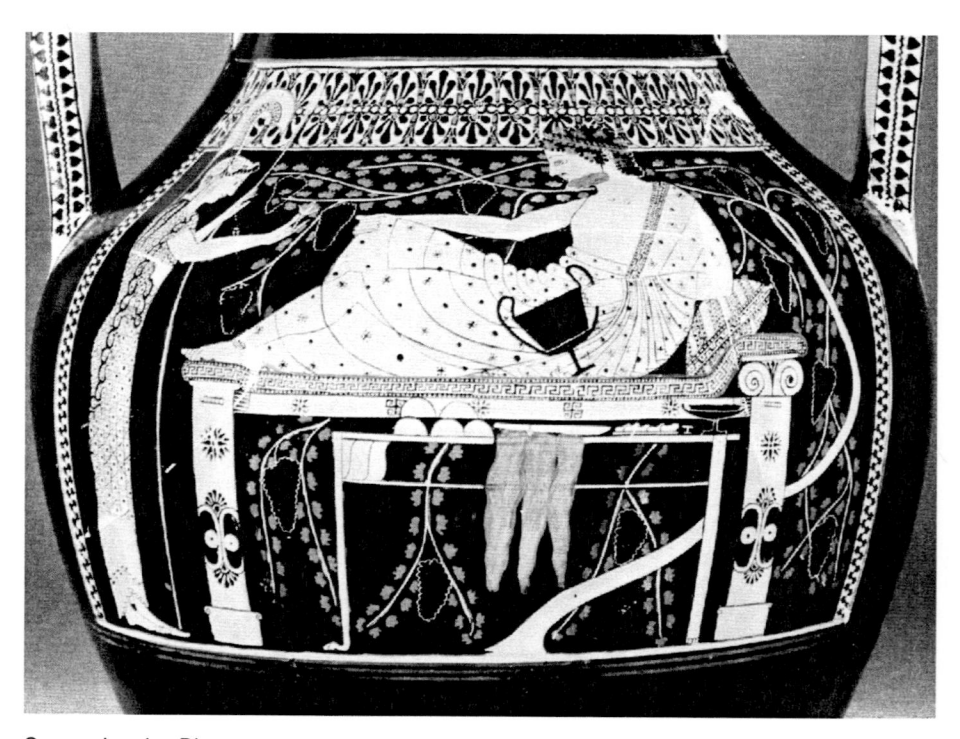

Symposion des Dionysos
Die Erfindung des „Gelages"

Dionysos besucht Oineus

Oineus war anfangs noch ganz konsterniert
und wußte nicht, wie man den Wein kultiviert.
Da machte Dionysos eine Visite
und wohnte bei ihm eine Woche zur Miete.

Dort kochte und putzte sein Weib die Altheia,
mit ihr ging Dionysos oft in die Heia.
Dafür zeigte der Gast dem Oineus wie's geht,
daß ein vernünftiger Rotwein entsteht,

wie man als Winzer die Reben beschneidet,
wie man sie spritzt, und Schäden vermeidet,
wie man die Trauben erntet und preßt,
wie man den Most ins Faß laufen läßt,

wie man die Gärung fördert und stoppt,
wie man Ringe um Faßdauben kloppt,
wie man den Wein genüßlich dann säuft,
wie man ihn abfüllt und schließlich verkäuft.

Oineus erlangte so wertvolles Wissen
und setzte es um, gescheit und beflissen.
So wurde er erster Winzer im Land,
was außer den Griechen niemand bekannt.

Sein Prädikatsweingut wurde Legende
durch des Dionysos göttliche Spende.
Am Grab der Ziege sollt man hingegen
am Totensonntag einen Kranz niederlegen.

Rittmeister Dionysos zügellos
doch der Esel wußte, wo's lang geht

Ikarios und Dionysos

Eine der vielen attischen Sagen
endete grausam, ganz ohne Fragen.
Ikarios war ein sehr freundlicher Mann,
der jedermanns Herz durch Liebreiz gewann.

Dionysos kam ihn einmal besuchen,
Ikarios servierte gleich Kaffee und Kuchen.
Man schwätzte zusammen, lang und vergnüglich,
der Kuchen war gut, der Kaffee vorzüglich.

Da sagte Dionysos so zwischendrein,
besser als Kaffee wäre sein Wein.
„Wein ?" sprach Ikarios staunend fürbaß,
„kenne ich nicht, was ist denn das ??"

Da hat ihm Dionysos ganz unumschränkt
den Weinbau erklärt und Reben geschenkt,
hat den Braven mithin über Nacht
zum ersten attischen Winzer gemacht.

Nun wollte Ikarios, um besser zu glänzen,
den neuen Wein schön festlich kredenzen.
Herbei strömten Freunde, auch die Verwandten,
die immer nüchtern und Wein noch nicht kannten.

Ikarios öffnete lachend ein Faß,
und alle zechten vom köstliche Naß.
Man spülte behende die durstigen Kehlen,
niemand mochte die Schoppen da zählen.

In kürzster Zeit war die Sippschaft besoffen,
lallte und blickte verwirrt und betroffen.
Mancher spürte, wie alles sich drehte,
als er herumschoß wie eine Rakete.

Einige stürzten torkelnd zu Boden,
Schädel krachten ans Holz der Kommoden,
und eine Dame tanzte nun leider
singend umher, und zwar ohne Kleider.

Jemand fiel im Rausch vom Balkon,
landete krachend auf dem Beton.
Stärkste Männer weinten wie Kinder
und auch die Hofhunde jaulten nicht minder.

So war nun die größte Verwirrung gestiftet
und alle glaubten, sie seien vergiftet.
Man grübelte heftig, was da passiert,
und warum sie jetzt so indisponiert.

Mitten im Rausch, bei all dem Tumult,
brüllte jemand: Ikarios ist schuld !
Die Augen der Trinker färbten sich rot,
sie packten den Armen und schlugen ihn tot.

Nachträglich find ich das grausam und dumm,
so geht man nicht mit Gastgebern um.
Man sollt sich beherrschen, auch wenn man mal voll,
denn Nächstenliebe ist besser als Groll.

Dionysische Mysterien
Die Orgien des Weingotts

Hier mal etwas Allgemeines
über jenen Gott des Weines,
der dank einem Meldodram
zu uns aus dem Osten kam.

Segelnd stieß der Orientale
hier auf der Exekias-Schale
in die griechischen Gefilde,
schwarzfigurig, wie im Bilde.

Als **Lenaios** demonstrierte
er, wie Keltern funktionierte,
Bromios wurd er, also tosend,
lächelnd seinen Kelch liebkosend,

Lysios lockerte die Fesseln,
als der Wein gärte in Kesseln,
während ein Satyr ihm goß
voll mit Wein den Kantharos.

Drang der Wein bei den Gelagen
wohlig sprudelnd in den Magen,
stieg zu Kopf, der plötzlich singend,
herrlich das Delirium bringend,

sah man schon den Thiasos,
wie er durch die Wälder schoß.
Festschwärme von wilden Weibern
rasend, mit entblößten Leibern,

wälzten jede Ordnung nieder
und zerfetzten wütend Glieder.
Thyrsosstäbe krachend hieben
auf den, der zurückgeblieben.

Tympana aus Erz erklangen,
Hysterie verfärbte Wangen,
Eleutherios als Befreier
brachte Stimmung in die Feier.

Nun geriet, in dieser Phase,
selbst der Logos in Ekstase.
Alles Maßvolle schien lustlos,
denn der Rausch machte bewußtlos.

Weggezaubert war der Spasmus,
abgelöst durch Enthusiasmus.
Nur von fern, in voller Länge,
hallten schrille Bocksgesänge.

Auch der Mensch säuft in Lokalen
mit den gleichen Ritualen,
gießt sich gierig seinen Pott voll,
säuft und denkt, auch er wär „gottvoll".

So entstehen die Komödien,
und natürlich auch Tragödien.
Also übt mal in den Ferien
dionysische Mysterien.

Dionysos segelt auf dem Weinschiff
„Let's go West !"

Dionysos und Ariadne

Ariadne saß da und konnt es kaum fassen,
denn Theseus hatte sie sitzen gelassen.
Sie wurd von dem Schelm auf Naxos vernascht,
jetzt war er weg, und sie überrascht.

Männer haben doch schlimme Allüren,
wollen nur immer die Frauen verführen.
Erst sieht man sie vor Wollust sich winden,
ist das vorbei, woll'n sie verschwinden.

Doch wie es so geht, der Tag war kein trüber,
denn unser Dionysos schwebte vorüber.
Den packte sie sich und nahm ihn sodann
ohne viel Federlesens zum Mann.

Weil er ein Weingott, schauten ihm Flaschen
aus Koffern, Plastiktüten und Taschen.
Sie mußte mit ihm viel Südweine trinken,
wie häufig gemalt, auf schwülstigen Schinken.

Manchmal fuhrn sie, von Panthern gezogen,
bis hin nach Indien, was nicht gelogen.
Sexy Girls im Vollrausch rumhüpften,
wobei sie sogar aus den Ballkleidern schlüpften.

Besoffne Silene bliesen Trompeten.
Ich denke manchmal: Wenn wir sowas täten,
was würden dann unsre Nachbarn nur sagen,
uns wegen grobem Unfug verklagen ?

Nein, ich muß nun wirklich drum bitten,
ja nicht zu lockern die üblichen Sitten.
Man möchte doch weder psychisch noch physisch,
solch ein Chaos, das rein dionysisch !

Wir dürfen uns nicht am Triebleben weiden,
sonst würden die Christen – wieder zu Heiden.
Und niemand wär mehr moralisch verläßlich.
Diese Vorstellung finde ich gräßlich !

Annibale Carracci:
Ariadne und Dionysos im Triumphzug
In zweiter Ehe glücklicher.

Das Bacchanal von Andros

Das Beste in dem Hause der Este waren stets Feste.

Und so bestellte Herzog Alfonso beim jungen Tizian
für sein Studierzimmer ein Gemälde
vom Bacchanal der Andrier,
denen der Gott der Ekstase
einen Fluß aus Wein
schenkte.

Und die Andrier schöpften aus der kostbaren Flut,
tranken, genossen, tanzten oder lagerten
im Schatten üppig wachsender Bäume
im seligen Rausch am Ufer,
glücklich in festlicher
Harmonie.

Musik und Gesänge erfüllten die Abenddämmerung.
Junge gerieten der Zeit entrückt in Ekstasen,
während die Alten versonnen lächelnd
zu Boden glitten und träumten.
Die göttliche Gabe tat
Wunder.

Eine trunkene Nymphe liegt restlos
narkotisiert und hingestreckt vor dem herrlichen Strom,
während ein Knabe gedankenlos
pinkelnd die Blase entleert,
alles beschaulich und
amüsant.

So prachtvoll waren auch Feste der Este.

Tizian:
Bacchanal von Andros
Dionysos Gabe: Wein für Alle

Apolls Trankopfer

Ich weiß nicht, warum hier Apoll
den Göttern Rotwein opfern soll.
Er sitzt doch selbst im Götterhimmel,
hört Rituale und Gebimmel.

Doch gießt er Wein aus einer Schale
in Delphi einfach so zu Tale,
was selbst den Raben übel launt,
den nicht so leicht etwas erstaunt.

Er hätte besser passioniert
auf der Kithara musiziert
und sich vergnügt mit seinen Musen,
mit Grazien oder mit Medusen.

Ein Gott, der edlen Wein verschüttet
ist geistig offenbar zerrüttet.
Galt deshalb etwa sein Orakel
schon bald als hirnloses Spektakel ?

Wir danken allen Philosophen,
die aufgeklärt durch Katastrophen
die dummen alten Götter stürzten
und den Verstand mit Weisheit würzten.

Der wahre Weinfreund mag beim Zechen
konfus und durcheinander sprechen.
Doch wegkippen den besten Wein ?
Um Gottes Willen, - bitte nein !

Apolls Trankopfer
Sorgloser Umgang mit dem „Stöffchen"

Der Thiasos

Wo früher sehr viel Süßwein floß
bei Griechen und bei Philhellenen,
gab's einst den wüsten Thiasos,
der schädlich war für die Hygienen.

Da soffen plötzlich fromme Weiber.
und wurden rasend zu Mänaden.
Vor Wollust bogen sich die Leiber,
als hätten Sie am Dachstuhl Schaden.

Nach zügellosen wilden Tänzen
hetzten sie Tiere voller Tücke,
ergriffen sie an Huf und Schwänzen
und rissen sie in tausend Stücke.

Den Ziegen, Schafen, Bullen, Ebern
schlitzten sie auf die Eingeweide
und fraßen deren rohe Lebern !
Da schluchzte selbst die Trauerweide.

Sie tobten mit entblößten Brüsten
und Schaum vorm Mund durch Wald und Wies,
die Männer flohen zu den Küsten
und brüllten dabei wie am Spieß.

Von schrillem Flötenspiel getrieben
dröhnten auch dumpfe Tympana.
Wenn sie auf ihre Schenkel hieben
klang es Bumm- Tschingderassassa.

Dionysos fuhr in die Damen
als heiliges Dumm-Dumm-Geschoß.
Der Wahnsinn hatte einen Namen:
Die Hysterie hieß: „Thiasos"

Jean Jacques Pradier:
„Kriminaltango mit Silen und Mänade"

Dionysos, Bacchus &. Co.

Unsre Alten hatten Götter
für die Winde und fürs Wetter,
für den Krieg und die Debakel,
für die Lust und das Orakel.
Dazu kamen noch neun Musen,
oft im Bild mit blankem Busen,
tanzend unter den Akazien.
Dazu Nymphen und drei Grazien.

Aus dem Osten stieß als Boss
zu dem Team Dionysos,
mit viel Faunen und Silenen,
auch Mänaden zu erwähnen.
Sicherlich hab ich indessen
andre Götter ganz vergessen,
denn in Rom wohnte am Stachus
noch der Weingott, das war Bacchus.

Dazu Putten und Eroten,
angestellt als Götterboten.
Jene sind nun mal Eliten,
die uns die Antiken bieten.
Alle – lieber Hörer lausch
schätzten einen Heil'gen Rausch
Wein war stets ihr Elixier,
den – empfehle ich auch hier !

In Pella konnten Zecher nachts
auf Panthern nach Hause reiten

Erbauliches

Stoßgebet an Sankt Urban

Sankt Urban ist der Schutzpatron
der Weintrinker und Winzer,
ein Stoßgebet zu ihm bringt Lohn
wenn wir verzweifelt sind sehr:

Sankt Urban hilf uns aus der Not,
vertreibe unsre Härme,
hol uns das Brennen aus dem Sod
und Wind aus dem Gedärme.

Laß reifen voller Zuversicht,
was wir daheim gekellert
und hilf, daß unser Auto nicht
beim Heimfahren verdellert.

Doch wenn ich mal im Vollrausch bin
und gegen Bäume knalle,
möcht ich zu Dir ins Paradies,
nicht in die Leichenhalle.

„Saint Vincent tournant"
Burgundischer Spruch: „Sankt Vincenz geht auf Tour"

Auch Vincenz dient als Schutzpatron
den Winzern, doch mal ehrlich,
dies Faktum bringt viel Konfusion
und ist nur schwer erklärlich.

Denn man verkorkste sein Latein,
das wir in Schulen kriegen,
aus **Vin**um wurde zwar noch Wein,
doch **vin**cere heißt Siegen.

Der Vincenz also siegte nun
wohl über Tod und Teufel,
doch hat mit Wein er nichts zu tun.
Hätt jemand da noch Zweifel?

Doch hört ich im schönen Beaune
die folgende Legende:
Der Vincenz sei dort Schutzpatron
und mag gern Wein als Spende.

Er stieg vom Himmel nach Burgund,
weil er mal Ferien brauchte,
wo er in Kellern seinen Mund
in Weinfässer tief tauchte.

Die Engel konnten ihn nicht mehr
zum Himmel heimwärts tragen,
er war vom Wein so erdenschwer,
ganz steif war auch sein Kragen.

Sie ließen ihn im Kellerloch
als Denkmal einfach stehen,
wo die Burgunder heute noch
ihn angeblich noch sehen.

Benediktiner und Zisterzienser

Weinkultur wurde geschaffen
in Gemeinschaften, in straffen,
die in ihren Klöstern lebten.
Anfangs bei Benediktinern,
also Meß- und Gottesdienern,
die nach höchsten Zielen strebten.

Festlich warn die Liturgien
in gepflegten Harmonien,
Opus Dei, wohlverstanden.
Die spirituelle Flora
hieß dort „ora et labora".
Viel Erbauung war vorhanden.

Später brachten Zisterzienser
noch mehr Weinbau-Kompetenz her
Wingerte gab es nun etlich.
Mönche schufen konsequente
feste Wissens-Fundamente,
und die Weine wurden göttlich.

Ballade für Jean Cotard
frei nach - und für Francois Villon

Du Vater Noah, der die edle Rebe pflegte,
Du Bruder Lot, der in der Höhle trank vom Wein,
bis Amor Dir auf Deine Lenden legte
die liebestollen kessen Töchterlein,
die an Dir kraulten Bauch und Bein.
Du Schenk von Kanaa, der so trinkfest war,
Ihr Drei im Himmel, nehmt in Eure Schar
die Seele meines guten Jean Cotard !

Er, früh verblichener Kumpan und Erz-Bacchant
war stets zu arm, sich einen warmen Wams zu kaufen.
Doch dieser Zecher ohnegleichen fand
das Teuerste grad gut genug zum Saufen.
Dem niemand je den Krug entwand,
der nur zum Schlucken nie zu träge war,
Ihr Heiligen, behütet vor Gefahr
die Seele meines guten Jean Cotard !

Heimwanken sah ich ihn, die Augen arg verglast,
und torkelnd fiel er über's eig'ne Bein,
rammte dabei noch den Laternenmast
und schlug sich dran den Schädel ein.
Solch schönen Tod schenkt nur der süße Wein !
Kein Mensch soff je so wunderbar !
Mach hoch die Tür, Du Himmelsschar,
der Seele meines guten Jean Cotard !

Jedoch - der arme Teufel fluchte, schrie:
„Mir brennt's im Hals ganz schauderbar !"
Denn ihren Durst zu löschen wußte nie
die Seele meines guten Jean Cotard.

Holt auch die Seele hoch, zum himmlischen Balkon
von jenem Dichter, der uns gab sein Testament,
dem rastlos wandernden Francois Villon.
Nehmt sie mir auf in den feucht-fröhlichen Konvent,
der selbst im Vollrausch trefflich kompetent.
Auch ihm gebührt ein Weinfaß als Altar,
mein ich, als spät beruf'ner Archivar.
A la vôtre ! Francois Villon et Jean Cotard !

Bald spürt mein Hals, gehängt am Seil,
die Last von meinem Hinterteil
(Villon im Kerker)

Hafis in Schiraz

Freund Hafis sog in seiner Schenke
ausgiebig geistige Getränke
und pflegte Halluzinationen
von traumhaft erogenen Zonen.

Da sah er lauter Mädchen tanzen,
die gut gebaut im großen Ganzen,
roch Duft von Rosen und von Flieder,
schloß im Vollrausch seine Lider,

und lauschte dort in Intervallen
dem Gesang der Nachtigallen.
An Weinkannen strich er die Henkel,
im Glauben, es sei'n Frauenschenkel.

Die Zunge schob er tief ins Glas,
genoß den Wein in reichem Maß
und schwelgte lang in Phantasien
von weiblichen Anatomien.

Dann schrieb er, was sehr zu empfehlen,
seine genüßlichen Ghazelen,
die unsern Goethe inspirierten
ja, ungeheuer stimulierten,

sodaß der sich verwegen schürzte,
in Weimar auf die Weiber stürzte,
und alles was der Hafiz dachte,
nicht nur schrieb, sondern dort machte.

Da lag der klassische Titan
auf dem Ost-Westlichen Divan
gebettet zwischen weichen Brüsten
von Musen, die ihn schmachtend küßten.

Der Hafiz lachte sich nun krumm,
und drehte sich im Grabe um.
Die Musen haben leis gekichert,
die Nachfolge war ja gesichert.

Freund Goethe, gleichfalls Weinanbeter,
lebte vierhundert Jahre später.
Die beiden waren fest verschweißte
Trink-Brüder im besten Geiste.

Ihr Thema: Wein, Weib und Gesang
kennt unsre Dichtkunst schon sehr lang,
wurde nicht erst in feuchten Stunden
an Weinprobierständen erfunden.

Anselm Feuerbach: „Hafiz vor der Schenke"
Goethes großes Vorbild

Übermütiges

Alkohol Du fromme Salbe

Alkohol, du fromme Salbe
fegst mir durch das Speiserohr,
dringst ins Hirn, machst mich zum Kalbe,
wirfst mich in den Korridor !

Alkohol, Du Götterspeise
brachst mir manches edle Glied.
Trotzdem ziehst Du literweise
gurgelnd mir durch das Gemüth.

Alkohol, Du Geist im Weine,
lädst mir auf die Batterien,
jagst mir Lust in die Gebeine
und die Glut der Phantasien.

Alkohol, Du feuchte Droge,
machst den Suff so süffisant.
Hoffentlich wirft keine Woge
jemals mich ans trockne Land.

Antiker Faun
schläft in Ruhe seinen Rausch aus

exaltiert

Herr Ober bitte einen Wein,
es sollte schon ein herber sein,
ich geh nämlich mein Zahnfleisch wässern,
das wird auch mein Schluckauf verbessern.

Herr Ober, jetzt nochmal ein Bier,
ich dürste wie ein Trampeltier,
denn bringen Sie mir nichts zum Saufen
werd ich Amok bei Ihnen laufen.

Herr Ober, einen klaren Schnaps,
doch rasch, sonst setzt es einen Klaps.
Und sollten Sie sich sehr verspäten,
muß ich in Ihren Hintern treten.

Herr Ober, einen Whisky pur
den brauch ich zur Entziehungskur,
er darf auch doppelstöckig sein,
ich krieg ihn irgendwie schon rein!

Herr Ober bitte einen Brandy,
man findet Brandy heute trendy,
ich trank ihn mit vergnügten Schwestern
und Trinkkumpanen auch schon gestern.

Herr Ober, nochmal einen Wein,
es dürfte jetzt ein milder sein.
Ich spül damit aus meiner Seele,
jeden Hauch einer Querele.

Weingenuß – bei älteren Herrn

Denkt Mann an die schlanken Waden
all der Grazien und Mänaden,
Nereiden, Nymphen, Musen,
bei Gorgonen und Medusen,

dann leert mancher olle Zecher
gierig viele volle Becher,
und träumt dabei sehr versponnen
von den sexuellen Wonnen,

die Mann theoretisch hätte
auf der Lust- und Lagerstätte,
wär Mann praktisch etwas fitter,
wie ein Donner bei Gewitter.

Doch ich denk beim Glaserl Wein,
auch an Krampfadern vom Bein,
ziehe ferner in Erwägung,
daß sich häufig bei Erregung

Bandscheiben gemein verschieben,
wenn Mann es zu arg getrieben,
und der Blutdruck steigen könnte,
sodaß Sterbesakramente,

bei entsprechenden Affären
prophylaktisch nötig wären.
Herzstillstand sei schon passiert,
wenn Mann sich arg echauffiert.

Besser wär's beim Gläser schwenken
an was Frömmeres zu denken
und den Sünden zu entraten,
die wir einst im Weinrausch taten.

Platzt die Wollust aus den Nähten
hilft nur eines, das ist beten.
Und den Wein genieß mit Maßen.
Mit dem Suff ist nicht zu spaßen !

Wer dies tut, wird sofort selig.
Also – grinse nicht so schmählich !

Peter Paul Rubens: „Satyr und Mädchen"
Vitamine im Präsentkorb

Abschleppdienst und Ausnüchterung

Am Weinprobierstand lehnt ein Herr,
kann nur noch mühsam lallen,
er wird wohl bald auf das Parterre
wie ein Zementsack fallen.

Dabei soll man an solchem Ort
den Wein doch nur probieren,
und diesen Stoff nicht im Akkord
in Strömen inhalieren.

Doch gottlob kommt zu seinem Schreck
gelaufen seine Gattin
und zieht ihn am Schlafittchen weg,
im festen Griff sie hat ihn.

Er wehrt sich nicht, sein Odem weht
betäubend alkoholisch,
die Gattin schleift ihn fort diskret,
doch lächelt diabolisch.

Zu Hause zwingt sie ihn ins Bad,
mit heftigem Geschiebe.
Ihr Würgegriff ist jetzt rabiat
und schmerzt, bei aller Liebe.

Sie läßt nun rasch die Wanne voll
mit eisig kaltem Wasser,
und wirft ihn dort hinein voll Groll,
auf einmal ist ganz naß er.

Er brüllt erschrocken wie am Spieß,
sie taucht ihn kräftig unter.
Das klingt natürlich etwas fies,
doch dann passiert ein Wunder:

Der Alkohol in seinem Blut,
so sehr er auch berüchtigt,
hat sich in dieser klammen Flut
im Handumdrehn verflüchtigt.

Wie ihn das feuchte Element
getauft hat und geläutert,
denkt sie, er würd jetzt abstinent
und freut sich schon erheitert.

Und als er aus der Wanne steigt,
mit triefenden Klamotten,
da lächelt sie, er selber schweigt,
denn er ist hart gesotten.

Sie geht zu Bett, doch er zu Tür.
Sie glaubt, er sei gescheiter.
Er stürzt hinaus wie'n wildes Tier
zum Weinstand und – zecht weiter.

Zwingt nicht einen besoff'nen Mann
im kühlen Naß zu laichen.
Kein Weib wird dadurch irgendwann
sein Gegenteil erreichen.

Die große festliche Weinprobe

Die Weinprobe wird zelebriert,
damit der Weinfreund Wein probiert,
der ihm bislang noch unbekannt,
mit Zunge, Herz und mit Verstand.

Ein Weinfreund lädt zur Probe ein.
Man weiß, es wird sehr festlich sein.
Der Herr wirft sich in seinen flotten
Anzug - mitsamt Kleidermotten.

Die Dame trippelt hochtoupiert
und mit Intimspray parfumiert,
den Mund gespitzt, das Auge glimmt.
Man ist erwartungsfroh gestimmt

und steigt mit durstgeplagtem Herzen
beim Schein von handgedrehten Kerzen
zwanglos plaudernd und putzmunter
die Kellertreppe hastig runter.

Dort nimmt man Platz an langer Tafel.
Von links und rechts ertönt Geschwafel.
Ein Glöcklein schellt, mich zwickt's am Schoss.
Die Große Weinprobe - geht los !

Der Kellermeister generell
übt solch ein Zeremoniell.
Er schlenkert Gläser, - riecht - und guckt
und gurgelt, schmatzt und schlürft - und schluckt.

Man braucht ihn nicht sehr lang zu nöt'gen,
er „kloppt soi Sprüch", - bringt Anekdötchen,
vermerkt auch Witze, die sehr rüde,
und glänzt mit forscher Plattitude.

Zuweilen wird auch Wein geziert,
von Geistes-Adel präsentiert,
von Gutsbesitzern, Diplomierten,
von Grafen, Freiherrn und Studierten,

damit der Kenner sich ergötz'
an esoterischem Geschwätz.
Es treten süß, mit Spitzenhäubchen
und eng geschnürten Dirndl-Leibchen

hier - Winzerstöchter vor die Gäste,
dort - auch ein Borsch mit blauer Weste,
und schütten sicher, Maß für Maß
die Nummer 1 - in's saubre Glas.

Erklärend wird hervorgehoben,
dass dieser Tropfen zwar zu loben,
weil reichlich Weinstein er enthält,
der prasselnd in die Gläser fällt.

Ein 99-ger, rassig rein,
vom Weingut Graf zu Frankenstein.
Doch einschränkend der Fachmann predigt,
dass dieser Trunk das Zahnfleisch schädigt,

und da, genau wo man sich setzt
auch Löcher in die Hose ätzt.
Nicht lange währt ein solcher Schreck,
man säuft das Zeug - dann ist es weg.

Jetzt naht der Kellerborsch, der Dings,
mit einer andern Flasch' von links
und kippt Dir ohne jede Scheu
ins leere Glas die Nummer 2.

≫

Dazu liest jemand ein Gedicht
von Dichtern, die nicht mehr ganz dicht.
Derweilen wird die zweite Proben
bedächtig vor das Licht gehoben.

Sie schimmert dunkelgelb - bis grün,
wie von der Katze der Urin.
Presst man den Presskopf - samt der Nas'
mit Kennermiene tief ins Glas

und fährt die Nas' aus wie beim Zoome,
steigt einem gleich die zarte Blume,
feucht und stechend noch ein bissel,
wellenschlagend in den Rüssel.

Kaum hat man diesen Schluck probiert,
kriegt man gleich Sodbrennen - und spürt
als dieser Tropfen weitergleitet -
wie sich die Speiseröhre häutet !

Das Zäpfchen an dem weichen Gaumen
schwillt an, wird dick, fast wie ein Daumen,
die Backe wölbt sich heiß und rot,
als wäre man von Mumps bedroht.

Ein Höllenthaler - heißt's emphatisch -
trocken, leicht und - aromatisch.
Dazu wird rücksichtslos gestammelt
aus Werken, die Von Kleist gesammelt.

Gottlob kommt dann - von rechts herbei
die nächste Probe: Nummer 3.
Ich blicke staunend und gerührt,
wie die der Interpret - probiert:

Er saugt den Schlappen auf die Zunge,
durch Kiemen, Brustkorb, in die Lunge,
lässt ihn durch's Bauchfell ondulieren,
zwecks Abschreckung der Nebennieren,

und dann im Schwall - die Milz umwandern,
von einem Eierstock zum andern,
spült ihn rasant - das heißt mit Zunder -
den Dickdarm rauf - und wieder runter,

würgt ihn dann hoch mit großem Spaß
und - hustet ihn zurück ins Glas !
Sein Urteil lautet, dass die 3
sehr vollmundig und süffig sei,

wonach uns ein Cellist gelöst
das Largo von Tschaikowski bläst.
Man drängt beim Wein sich gern an Busen
von Komponisten, Dichtern, Musen !

Da, plötzlich - erst ein scharfes Schwirren -
hierauf ein Schrei - ein wüstes Klirren:
Ein Herr, gezeichnet von Neurosen
hat sein Probierglas umgestoßen.

Da grad die 5 im Anzug ist,
hilft diesem Menschen - nur noch List:
Man gießt die Probe - aus der Flasche -
direkt in seine Backentasche.

Er lobt sogleich die Eleganz,
den Firn, den Körper, - die Substanz,
ein Rauenthaler Muskateller,
gereift in einem - Luftschutzkeller.

≫

Dazu ein Schumann-Lied von Goethe,
nach Gutsherrn-Art auf Bambusflöte.
Dann Probe 7 - 6 - und 8.
Im Keller wird es langsam Nacht.

Zitate nun den Geist bemühn,
von Rehhagel und Hölderlin.
Die Weine werden leicht und fruchtig,
erfrischend, - würzig, - spritzig, - wuchtig.

Ein Gast fällt krachend aus den Socken. -
Das Ritual kommt kaum in's Stocken.
Verzweifelt ich mein Auge wisch',
die Probe 9 - steht auf dem Tisch:

Ein Krötenzwicker, Jahrgang 13,
das Zeug tut bös' den Rachen beizen !
Ich schütt' den Rest mit schnellem Dreh
der Nachbarin - ins Dekolletee,

der prompt - weil sie noch jung und zart -
die Brustwarze vor Schreck erstarrt.
Ich bin dabei, den Trank zu preisen,
er wär grandios zu scharfen Speisen,

so prickelnd, feurig, sämig, rund,
so fadenziehend - und gesund ...
da wird die Dame wieder munter
und - haut mir schallend eine runter.

Die Proben 15, - 18, - 20
schmecken wie Spülwasser und ranzig,
die 17 mild, - die 32
nach Wundbenzin - oder was weiß ich.

Die 39, - Ach Herrjeh -
wahrscheinlich ein Bekunis-Tee !
Die 50 - glaub ich ohne Hehl
ist waschechtes Maschinenöl,

die 112 - merk ich erschrocken -
nur Fensterkitt, und zwar halbtrocken,
und die Oktanzahl kaum zu messen.
Man muss das Zeug mit Spachteln fressen.

Die Folgen sind höchst eklatant,
grauenhaft, doch - interessant:
Manch Gast schwankt stark, sein Blick schon trübt sich,
ein andrer Weinfreund übergibt sich.

Verschied'ne fangen an zu heulen,
und tasten nach den Notruf-Säulen.
Ein Herr - mit vornehmem Gebahren -
vergisst sich und - lässt einen fahren,

worauf sich fromme Hände falten,
die's für 'nen Giftgas-Angriff halten !
Ein Glatzkopf denkt, er sei zu Haus
und zieht sich Hos' und Schuhe aus.

Ein Fräulein - nahe am Kollapsen -
spielt Zitter auf den Gummistrapsen,
dieweil ein Sänger sehr gekünstelt -
die Nachtmusik von Händel winselt.

Die Weingeniesser werden müder
und gleiten auf den Estrich nieder,
wo sie in knöcheltiefen Pfützen
mit ihrer Fest-Garderobe sitzen.

≫

Zu Boden poltern auch die Becher,
selbst Ratten fliehen in die Löcher.
Die Leute werden ganz versteift
die Kellertreppe hoch geschleift.

Weil alle vollgetankt und schlapp
holt uns der Notarztwagen ab.
Ich treff die umgeknickten Glieder
im Hospital bewusstlos wieder,

fast alle - wie vom Schlag gerührt -
weil restlos alkoholisiert.
Der eine trocknet seine Träne.
Der andre sucht die dritten Zähne.

Ein Mensch - total verseucht von Wein -
besitzt nicht mehr sein Nasenbein.
Die Ärzte sind am Operieren,
am Ausstopfen - und Amputieren.

Wir bampeln all an Infusionen
im Dunst von Intensivstationen.
Zu meinem Körper ziehen Kabel
durch's Harnrohr rein, doch raus zum Nabel,

die knatternd auf den Bildschirm drucken,
sobald die Blasenwände zucken.
Da sagt der Doktor feuerrot:
„Der zuckt nicht mehr ! Der ist - schon tot !"

Weil ich da liege wie verreckt
werd' ich in einen Sarg gesteckt.
Doch als der Sarg mit lautem Krach
ins Grab rauscht - - - werd' ich langsam wach.

Ich reiß den Deckel auf - entgeistert,
der über mir grad zugekleistert,
und sag den Trauergästen schüchtern:
„Jetzt - - bin ich endlich - wieder nüchtern!"

und frag, - ans Licht der Welt gehoben - :
„Wann haben wir die nächsten Proben ?"

Bedenkliches

Botrytis cinerea – Die Edelfäule
Ein Königsweg zur Spätlese

Ist im Herbst das Wetter feucht,
was die Trockenheit verscheucht,
schleicht ein Pilz auf reife Trauben,
dringt hinein mit seiner Meute
durch die straffen Außenhäute,
was die Trauben gern erlauben.

So geht durch die feinen Poren
reichlich Wasserdunst verloren.
Plötzlich schrumpfen alle Beeren.
Das ergibt dann die Lawinen
von verkrumpelten Rosinen,
die zur Ernte auserkoren.

Und die edelfaulen Früchte
kriegen höchste Mostgewichte,
die die Fachwelt schier entzücken.
Auslesen mit voller Süße
lähmen wohlig unsre Füße,
selig fällt man auf den Rücken.

Man erhebt sich erst nach Stunden,
fühlt sich dann wie frisch entbunden,
wobei doch die Zuckerkranken,
die auf ihrer Knochen Schlitten
in ein sanftes Koma glitten,
eine Überdosis tranken.

Diesen Schlauchpilz muß man loben,
er ist König der Mikroben,
Super-Star ist die Botrytis !
Sie vertreibt mir, wenn ich zeche,
Graufäule und Blasenschwäche,
auch das Feuer der Arthritis !

Peronospora
der falsche Mehltaupilz Plasmopara viticola

Entsetzliches Allotria
treibt hier die Peronospora.
Dies Monstrum ist ein Schimmelpilz,
liegt auf der Rebe wie ein Filz,
und all die wildgewordnen Sporen
dringen rasch in Blatt und Poren.

Wie sehr die Rebe sich verkleidet,
man sieht, dass sie an Mehltau leidet,
weil nämlich sich ihr Laub verfärbt,
das Flecken kriegt und rasch verderbt.
Die Fäulnis dringt dann weiter vor,
ein Pilzmycel gleicht Trauerflor.

Die Peronospora – mal ehrlich –
ist unbehandelt sehr gefährlich.
Da hilft nur eins: In alle Ritzen
der Reben Fungizide spritzen,
nur soll der Winzer beim Verschnaufen
versehentlich nicht davon saufen.

Denn, eins, zwei, drei, hört man Gebimmel
und sitzt beim Lieben Gott im Himmel.

Die Traubenwickler-Tragödie
Pheromone als Lustkiller

Was heute so die Winzer machen,
darüber kann man wohl kaum lachen.
Sie schleichen nämlich ins Gepränge
der schönen grünen Rebenhänge
und klemmen dort bergab, bergan
viel bräunliche Ampullen an.

Das soll die Traubenwickler locken,
die im Geäst der Reben hocken.
Die Männchen davon, wenn sie kriechen
und eifrig an Ampullen riechen,
sie jubilieren gleich: „Juchhee !
hier ist ein Weibchen in der Näh !"
und träumen unter der Beschattung
schon von dem Vorspiel zur Begattung.

Doch wie sie sich auch immer drehn,
sie können keine Weibchen sehn.
Vor Sehnsucht wird es ihnen flau,
denn überall riecht es nach Frau.
Sie hüpfen rum in wilder Brunst.
Im Wingert weht ein irrer Dunst.
Sie stehen bis an ihre Waden
in künstlichen Intimspray-Schwaden.

So kommt es, und das ist fatal,
hier leider nicht zur Damenwahl.
Die männlichen Organe rammen
mit den Ampullen nur zusammen.
Der Traubenwickler ist verwirrt,
weil es statt Lustgewinn nur klirrt.
Auch bei der Traubenwicklerin
ist jeder Liebesdurst dahin.
Mit Lockenwicklern sie verschwindet,
da sie kein Traubenwickler findet.

Dem Laien bricht total das Herz.
Das nenn ich einen schlechten Scherz.
Wenn wir so was mit Winzern täten,
das hätten die sich längst verbeten,
weil Winzer ihre Weibchen brauchen,
auch wenn die keinen Duftstoff hauchen.

Korken

Die Eiche rundum Rinden hat,
die rissig, rauh und nicht sehr glatt,
man spricht sogar von Borken.
Drum schält man sie von ihrem Stamm,
sobald sie dick genug und stramm,
und bastelt daraus Korken

Und die drückt man in Flaschen rein,
die randgefüllt mit bestem Wein,
das gibt solide Stopfen.
Doch manchmal spürt der Herr im Frack
ganz intensiven Korkgeschmack
und will den Wirt verklopfen.

Korkgeschmack

Schmeckt penetrant nach Kork der Wein,
so muß man nicht gleich grimmen,
fällt man beim Heimweg in den Rhein,
kann man viel besser schwimmen.

Wenn Du vom Wein schon leichenstarr
brauchst nicht vor Angst gleich toben.
Dank Korkgeschmack schwimmt jeder Narr
laut Adam Riese – oben.

„Der Kork hat Wein ?"

Ein Zecher, dessen Großhirn klein,
beklagte sich über den Wein.
Als die bestellte Flasche leer,
beschimpfte er den Gastwirt sehr,
er rief: „Ihr fieses Lumpenpack,
der Kork hat zuviel Weingeschmack !"

Da sprach der Wirt: „Das mag wohl sein,
mein Kork schmeckt immer stark nach Wein,
denn er stammt ab von einer Eiche,
deren Rinde eine weiche,
sodaß der Kork mit Wein sich füllt,
bevor er mit Stanniol umhüllt.

Der Gast, der etwas geistesschwach
schlug weiter in dem Wirtshaus Krach.
Da hat der Wirt ihm, weil es spät,
den Hals gepackt und umgedreht.
Der Zecher hatte so zum Schluß
ein Kopfende mit Schraubverschluß.

Wackerbarths Ruh
Das Sächsische Staatsweingut – ein irdisches Paradies

Legendär ist in Sachsen die Biographie
von einem Lustschloß, das voller Magie.
Wackerbarths Ruh versetzt uns in Trance,
ist Überraschung par excellence.

Liebliche Elb-Auen spürt man im Rücken,
wenn Lößnitzer Hügel die Augen entzücken.
Auf dem „Johannisberg" wölben sich Lagen,
deren Reben das Tal überragen.

Dort hat, was jeder Kennerblick schätzt,
Baumeister Knöffel sein Kunstwerk gesetzt,
ein weißer Traum zwischen prächtigen Gärten,
Kulisse von Konversation und Konzerten.

Es wehte ein Zeitgeist der hochkultiviert,
hier wurde verhandelt und diskutiert.
Reichsgraf von Wackerbarth, zog als Minister,
und auch als Hausherr alle Register.

Jeder Besucher, der bei ihm zu Gast,
genoss das freundliche Klima zur Rast.
Der Belvedere grüßt keck von oben,
ein Weinberg dahinter ist traubenumwoben.

Im Garten sprudelt und lacht die Fontäne,
Statuen setzen sich heiter in Szene.
Terrassen schwingen in sanften Konturen,
auf steilen Stiegen drängen sich Spuren.

>>

Jahrhunderte sind inzwischen versunken,
wo man getafelt und festlich getrunken.
Doch dieses Juwel ist wieder erwacht,
und nun zum Erlebnisweingut gemacht.

Seine Kredenzen sind wieder vom Feinsten,
leckerste Tropfen, genauso wie einsten.
Der „Goldene Wagen" naht zum Gebet,
ein Riesling, der auf meiner Zunge zergeht.

Schloss Wackerbarth

Rheingauer Tröpfchen

Rheingauer Weinbergslagen

Der Rheingau hat ganz ohne Fragen
für Weinanbau die tollsten Lagen,
ich kann sie all kaum nennen.
Die Rebhänge mit viel Vertrauen
auf Sonnenlicht nach Süden schauen,
wie leichthin zu erkennen.

Da trabt der Winzer immer wacker
durch Marcobrunn und Gottesacker,
Sandgrub, Klosterlay und Baiken,
auch Nussbrunnen und Honigberg,
Hendel-, Schloß- und Höllenberg
und Rottland sind ihm eigen.

Auf Mönchspfad, Fuchsberg, Pfaffenwies
und Seligmacher ich genieß
die edlen Riesling- Trauben.
An Wildsau, Lenchen, Hasensprung
erfährt man zur Beruhigung,
dürft man an Wunder glauben.

Beim Steinmächer und Sonnenberg
sei wirklich schon Magie am Werk,
und auch die Jungfer lächelt.
Am schönen Magdalenenkreuz
und Mäuerchen hat's sehr viel Reiz,
wenn warme Luft dort fächelt.

Der Jesuitengarten grüßt
den Rhein, wenn er vorüberfließt,
der Nonnenberg muß beten.
Am Pfaffenberg der Edelmann
macht manches hübsche Mädel an
und möchte sie gern kneten.

Der Assmannshäuser Höllenberg

Der Assmannshäuser Höllenberg
ist hohes steiles Teufelswerk,
nur unten ist er tiefer.
Er hat ein krummes Naturell
aus Erde, Felsen und Geröll,
besonders aber Schiefer.

Im Innern hockt der Teufel nun
und hat sonst weiter nichts zu tun,
als Sünder gar zu kochen.
Er setzt sie in den Kessel rein,
der angefüllt mit heißem Wein,
dort brodeln unsre Knochen !

Und auf des Berges grauer Haut,
die blinzelnd auf Burg Rheinstein schaut
rankt ein Geflecht von Reben.
Die Trauben dran sind fabelhaft,
man quetscht sie, bis sie roten Saft
für Festtafeln ergeben.

Die Rebsorte heißt lapidar
in reinstem Hochdeutsch Pinot Noir,
und wächst auch bei Franzosen.
Die Säuferleber freut sich sehr,
trinkt man das Stöffchen mehr und mehr
in allerhöchsten Dosen.

Schwankst Du durchs Assmannshäuser Tal
im Vollrausch wie ein Zitteraal
wird sich das Hirn Dir drehen.
Dann stolperst Du – Oh Weinfreund merk ! –
durchs Höllentor im Höllenberg
und darfst - zum Teufel gehen.

Superstar „Cabinet"

Im Cabinet-Keller von Kloster Eberbach
hängt man besondren Gedanken nach,
ist noch bei den Zisterziensern zu Gast,
zu weltlichem Trubel ein starker Kontrast.

Hier wurden die Weine der Mönche verwahrt
das Beste vom Besten, asketisch bejahrt.
Ursprünglich wohl als Meßwein gedacht,
doch später weit in den Handel gebracht.

Berühmt und begehrt war das Rheingauer Gold,
in Fässern wurd es Rheinwärts gerollt,
stromab verschifft, und sehnlichst erwartet,
weil es geschmacklich so köstlich geartet.

Herausragend waren die guten Kreszenzen,
Man konnt sie im festlichen Rahmen kredenzen.
Diese Weinschatzkammer barg Elixiere,
Endprodukte der Traubenspaliere.

Die Prädikatsstufe heißt bis heut „Kabinett"
auf den Flaschen beweist es das Etikett.
Man hat in der Welt nach allem Ermessen
den Zisterzienser-Fleiß längst nicht vergessen.

„Der Johannisberg herrscht über alles"

Wiege der deutschen Weinkultur,
berühmtes Château, Tradition pur.
Ältester Rieslinghügel der Welt,
als Thron in den Rheingau gestellt.

Bischofsberg der Benediktiner,
immer als Wunder erschien er.
Was der Fürstabt aus Fulda pflegte,
den Genußmensch Goethe erregte.

Hier verlieh er Lob ohne Hehl.

Und Bruder Grimm befand lässig:
Andere Weine dagegen sind Essig.
Selbst Heine hätte den Berg, wie es hieß,
gern nachkommen lassen bis nach Paris.

Die erste Auslese hier einst entstand,
und der Eiswein, der extravagant.
In Löß und Quarzit gelegen
neigt sich der Hang der Sonne entgegen.

Schloß Johannisberg - welch ein Juwel!

Der Spätlesereiter

Wer reitet so spät durch Nacht und Wind ?
Der Gaul fliegt wie ein Pfeil geschwind.
Ein Schimmelreiter ist es wohl nicht,
den wieder mal der Hafer sticht ?

Die Hufe wirbeln, wer ist der Kerl ?
Nein, es ist auch nicht der König Erl.
Es reitet so wild und somnambul da
ein braver Kurier vom Erzbistum Fulda.

Im Rheingau sind schon die Reben verfault,
die Winzer empört, entsetzt und vergrault.
Botrytis hat alle Trauben befallen.
Verwünschungen durch die Wingerte hallen.

Da naht unser Reiter, das drollige Wesen
und brüllt: Der Bischof sagt, ihr dürft lesen !
Gesagt, getan, schnell Lese, dann Keltern.
Kaum prüft man den Most in seinen Behältern,

da geht ein Raunen durch Winzer und Trinker,
erst raunt es langsam, dann immer flinker:
Die Edelfäule war grad entbunden.
die Spätlese hiermit und somit erfunden.

Rheingau Open 2008
auf Schloß Johannisberg

Events der Prädikatsweingüter
erregten oft schon die Gemüter.
Besonders schätzt man ohne Frage
das Schauspiel der Glorreichen Tage.
So konnt man bei den Rheingau Open
die wundervollsten Weine proben,
vom Jahrgang Zweitausendundsieben,
der nicht in seinem Faß geblieben.

An fünfzig Ständen winkten Flaschen !
Dann kamen Tausende zum Naschen.
Es gab erstaunlich viele Sorten,
die kaum zu schildern sind mit Worten.
Erste Gewächse, derart trocken,
da schrumpften Füße mitsamt Socken.
Dann blähten Spätlesen die Nüstern,
selbst Argusaugen blickten lüstern.

Auch Auslesen flossen durch Kehlen,
Das war wie Balsam für die Seelen.
Ein Pinot Noir grenzte an Wunder,
sensationell die Spätburgunder.
Ein Herr stöhnte: „C'est magnifique !"
bei einem Tropfen vom Barrique.
Das Pröbchen mit dem Titel „Classic",
erschien im Abgang flott und rassig.

Dann sprudelte noch ein Silvaner
Frau Meier über den Persianer.
Ihr Mann rief daraufhin pikiert:
„Mit Riesling wär das nicht passiert!"
Ein Eiswein schlug im Dämmerlicht
dem Faß den Boden ins Gesicht,
wobei sich Zehennägel wellten,
bei Kunden, die sofort bestellten.

Vier Stunden später kam das Aus,
mit Riesling-Schwips schwankt man nach Haus
und lallt mit seltsamem Akzent:
„Es war ein prächtiges Event!"
Ich muß erneut die Rheingau Open
aus tiefsten Herzen dankbar loben.
Der neue Jahrgang inspiriert,
selbst Dichter, die desorientiert.

Jacob Jordaens: Dem König schmeckt der Wein
Damit ist eine gute Regierung gewährleistet

„A good Hock keeps off the Doc"

Als Queen Victoria in England regierte,
was zum Victorianischen Zeitalter führte,
war für die Kranken ein Arztbesuch teuer,
Behandlungskosten ganz ungeheuer.

Die Queen hatte grad, mitsamt ihrer Sippe,
Unwohlsein, Fieber, Bauchweh und Grippe.
Da reiste sie einfach nach Hochheim am Main
und trank rasch ein Schöppchen vom dortigen Wein.

Schon nach einer Stunde ging es ihr besser,
sie lief rosig an, obgleich vorher blässer,
das Fieber verschwand, und alle Bakterien
wanderten aus und machten mal Ferien.

Nach weiteren Schöppchen war sie ganz fit,
fuhr heimwärts und nahm sich ein Weinfäßchen mit.
Das Stöffchen nannte die Queen ihren „Hock",
für ihren Leibarzt war das ein Schock.

Sie brauchte die Kunst des Arztes nicht mehr,
der Hochheimer Riesling schützte sie sehr.
Sie hat dreiundsechzig Jahre regiert,
und sich täglich selbst einen Hock rezeptiert.

„Victoriaberg" heißt noch immer die Lage,
die heilende Wirkung steht ganz außer Frage.
„Hock, save the Queen" singt man am Main.
Den Hosenbandorden trägt jetzt der Wein.

Wo's Sträußchen hängt ...

Wenn jemand hierzulande denkt:
„Wo's Sträußchen hängt, werd ausgeschänkt,"
mag er auch noch so sehr Idiot sein,
ungeboren oder tot sein,
charakterlich von Grund auf schlecht,
steht trotzdem fest : der Mensch hat Recht !

Wo's Sträußchen hängt, aus trift'gen Gründen
ertasten selbst die Farbenblinden
das riechen festgefügt im Glauben,
selbst Leute mit sehr lock'ren Schrauben,
das wissen alle wackren Zecher,
selbst leichtfüßige Schwerverbrecher.

Wo's Sträußchen hängt, gibt's was zu trinken,
das wissen Stinktiere, die stinken,
und ist bestätigt durch Kontrollen
bei Möpsen, die im Suff sich rollen,
bei Ladenhütern, Schweinehirten,
bei Diplomierten und Studierten,

denn die verbringen viel Semester
im Rausch beim Wein, sogar beim Trester,
und hinterlassen tiefe Spuren
bei alkoholischen Klausuren.
Sie saufen so lang – wie Ihr wisst –
bis der Verstand im Eimer ist.

Wo's Sträußchen hängt, da ist es klor,
drum stehe nicht so blöd davor,
bleib nicht verstockt und abstinent,
sonst wirst Du grämlich und dement.
Und ist das Glas leer, - schlage Krach,
der Heckewert – schenkt – sofort nach !

Der Federweis

Wenn das Heu schon sitzt im Schober
und im Stalle grunzt das Schwein,
dann ist Goldener Oktober
und der Winzer macht den Wein.

Schwager, Enkel, Onkel, Eltern
quetschen dann in jedem Haus
aus den Trauben mittels Keltern
jede Menge Saft heraus.

Solchen leitet man in Fässer,
die geschnitzt aus edlem Holz,
und im Fässchen - die Gewässer
sind des Winzers ganzer Stolz.

Bald nun blubbert in Gewölben
bei den Winzern Blut und Schweiß,
dann gut hörbar allenthölben
dumpf und brodelnd Federweis.

Wenn der Rebsaft halb vergoren
und durch Treibsand bräunlich-trüb,
pumpt man ihn mit Gummirohren
in die Gläschen – nach Belieb.

In der Brühe schwimmen Blätter,
Wingertsdrähte, voller Rost,
tote Mäuse, morsche Bretter,
Hosenknöpfe und Kompost.

In dem Most sind Käferviecher,
brabbessige alte Strümpf,
vollgeschnäuzte Taschentücher,
und - auch E – 605.

All das kippt man - beim Probieren
unaufhörlich in den Hals,
Zwibbelkuchen s' Hemd verschmieren,
Worschtebrot und Grieben-Schmalz.

Hier nun gilt es zu bedenken,
wenn man's irgendwie noch schafft:
Fedderweis – in großen Mengen
ist ein ganz besondrer Saft !!!

Wenn Du ihn durch Schlund und Rachen
literweise in Dich stülpst,
kann Dein Mund noch schallend lachen,
doch die Speiseröhre rülpst.

Dringt die Sturmflut ins Gekröse,
dann entwickelt sich da Gischt,
der mit mächtigem Getöse
durch die Leberlappen zischt.

Geht der Fedderweis der Reben
bei der Galle – über'n TÜV,
muss sich mancher übergeben,
andre lachen sich da schief.

Auch im Hirn gibt's Turbulenzen,
Nervenzellen saufen ab,
weiße Mäuse mit Demenzen
rennen vor uns auf und ab.

Eruptionen in den Därmen,
Du springst rum, wie ein Kung-fu,
Schüsse aus der Hose lärmen,
Schlammflut-Flut drängt dem Ausgang zu.

Wenn aus überdehnten Bäuchen
Koks abgeht, vermischt mit Schleim,
Leuchtgaskugeln schrill entweichen,
dann - ist's besser: man geht heim !!!

„Der Parrer zappt"

Es wird so vieles aufgeschnappt,
auch wenn man nur im Dunkeln tappt.
Mer wassesnit, ob's abends klappt,
man müßt mal hin, der Parrer zappt.

Der Sommer sich als heiß entpuppt,
beim Heckewert wird als geschruppt,
sein Gast an einem Schöppchen nippt.
Der Winzer dorch die Wingert hippt,

Obgleich das gute Geld verknappt,
das man heut für Benzin berappt,
beim Woi wird aber nit geneppt,
manch Zecher gratis abgeschleppt.

Wenn jemand nämlich ausgeflippt
zuviel hinter die Bind gekippt,
der wird natürlich kurz gefoppt,
denn mancher säuft ja wie bekloppt.

Mein Nachbar auf die Zeitung tippt,
der vorher noch den Dreck geschippt.
Die Hausarbeit wird drum gestoppt,
ganz kurz dorch die Frisur gemoppt,

dann die Klamotten aufgepeppt
und auf der Gass vor Freud gesteppt.
So sind wir also hin gedappt,
mal sehen, ob es werklich klappt.

Gibt es ein besseres Rezept,
damit nicht unser Durst verebbt?
Ein Riesling in dem Glase schwappt.
Lobet den Herrn, der Parrer zappt.

Paulus schrieb an die Rheinhessen:
Gönnt Euch guten Wein zum Essen !

Paulus schrieb dann an die Schwaben:
Fallt im Rausch nicht in den Graben !

Adriaen Brouwer: Ist der Wein besonders sauer
spürt der Bauer schlimme Schauer

Die armen Weinköniginnen

Die Weinköniginnen müssen viel trinken,
Küßchen geben, lächeln und winken,
müssen auch thronen und repräsentieren,
ständig hofieren und kommunizieren.

Sie werden belagert von älteren Säcken
in Nadelstreifen, Hemdbrüsten, Fräcken,
posieren auf Podien, glänzen auf Bühnen,
drinnen in Sälen und draußen im Grünen.

Sie dürfen nicht rülpsen, nicht zürnen, nicht kotzen,
müssen oft Hagel und Unwettern trotzen.
Das ist ein Leben, das unheimlich streßt,
im goldnen Käfig strengster Arrest.

Und ist dann das Weinfest im Dorfe beendet,
wo sie den Säufern den Segen gespendet,
gehen sie nach Haus und lösen vom Hirndl
die güldene Krone, vom Leib dann ihr Dirndl.

Sie schlüpfen in Jeans und müssen noch putzen,
was ihre Haustyrannen verschmutzen.
Da wird gekocht und die Wäsche gewaschen,
aus dem Fenster geworfen die leeren Flaschen,

die Treppe gebohnert, der Lokus gelüftet,
im Weinkeller unten die Ratten vergiftet,
die Bluse gebügelt, die völlig zerknittert,
die Katze gekrault und der Opa gefüttert.

Am Abend, wenn sie halbtot und schon bleich,
müd wie ein Hund und das Kniegelenk weich,
möchte vielleicht noch ein männliches Wesen
mit ihr im Bett in der Bibel kurz lesen.

Ach, da muß man vor Mitleid erschauern,
Weinköniginnen sind zu bedauern !

Schätze von großen Nachbarn

Italiens Rebsorten – Vini d'Italia

Die Winzer in dem Stiefel glauben
an die Magie von ihren Trauben.
Und sie keltern daraus Säfte,
die erwecken pure Kräfte.
Reben, - gibt's hier viele Sorten,
wie in Rom einst die Cohorten.

Spitzenreiter bei der Lese
ist ganz klar der Sangiovese,
dessen Wurzeln ohnegleichen
bis zu den Etruskern reichen.

Mit Nebbiolo schwer beladen
unter dicken Nebelschwaden,
doch am Nachmittag besonnt,
liegt das schöne Piemont.

Spätburgunder Pinot Nero
sehr genußreich, si davvero !
Weiß und klangvoll il Trebbiano,
ma non troppo, piano piano.

Mancher trinkt an der Riviera
Astis Krone, den Barbera.
Prugnolo, so eine These,
sei ein Klon vom Sangiovese.

Pignolo kommt aus dem Friaul,
spült hervorragend das Maul.
Ein Corvina Veronese
paßt zum Peccorino-Käse.

≫

Der rubinrote Dolcetto,
endet stets im Allegretto,
er beschwipste einst die Furien
an den Küsten von Ligurien.

Liparis Gesöff kann schwer sein,
es ist eher ein Dessertwein.
Der Malvasia speichert Süße,
doch – dann knicken um die Füße.

Das sind unter den bekannten
Rebsorten die Dominanten,
die den Kreislauf gut beheizen,
auch die Phantasien reizen,

Schwermütige leicht erquicken,
weil sie uns das Hirn beglücken.
Tolle Sorten sich da drängen
an Italiens Rebenhängen.

Was Bacchanten dort auch keltern,
nie stammt es von schlechten Eltern
und weckt Geister, die sonst schlafen,
Träumer und Ampelographen.

Laßt zum Wohl der Speiseröhren
uns darauf die Gläser leeren.

Sonett an den Brunello di Montalcino

Sobald ich Siena mit den noblen Gassen
und zeitlos tief versunkenen Palästen,
die lautlos grüßten mit verträumten Gesten,
nach Montalcino wandernd hinter mir gelasssen,

traf ich umringt von sanften Hügelketten
eine Fortezza, deren Mauerkrone
hoch über einem Rinnsal, dem Ombrone,
umschloß ein wahres Kleinod zweifelsohne.

Die Enoteca bot mir Durstgeplagtem Platz.
Ich trank dort Montalcinos größten Schatz,
rubinrot funkelte ein edler Sangiovese

in meinem Glas, fünf Jahre nach der Lese.
Und dieses Wunder nannte mir auch seinen Namen:
„Brunello" – Und mein Gaumen seufzte: Amen !

Sonett an den Chianti Classico

Ein Sommertag, vor mir der braune Hügel,
verspielt säumten Zypressen meinen Pfad,
die Haut genoß das warme Sonnenbad,
mein Schritt beschwingt, der Durst verlieh mir Flügel.

Ein uriges Gehöft erwartet Gäste,
der Wirt winkte mit Flaschen in der Hand,
zur Kellertreppe lockte der Bacchant,
das erste Glas war eindeutig das Beste.

Doch auch die nächsten löschten herrlich meinen Brand.
Der Schwarze Hahn krähte in meiner Nähe,
als ich die leere Flasche vor mir drehe.

„Un Chianti Classico, dai, prova la Riserva!"
riet mir die Wirtin, lächelte Minerva,
ihr Gallo Nero raubte mir fast den Verstand.

Sonett an den Vernaccia di San Gimignano

Zum Himmel ragen wuchtig seine Türme,
sie überstanden viele Kämpfe, alle Stürme.
Von Weitem ist ihr Anblick zweifelsohne
ein Hügel mit gezackter stolzer Krone.

In seinen Kellern reift ein wunderbarer Weißer.
Und ist der Sommertag ein glühend heißer,
kühlt der Vernaccia angenehm die Kehle,
was ich Genießern voll des Lobs empfehle.

Ich ließ ihn mir ganz frisch vom Faß kredenzen,
Frutti di Mare durften darin baden.
Doch dann verschwammen mir die wunderbaren Fresken

an Kirchenwänden mit den pittoresken
und zarten sienesischen Kadenzen,
und ich verlor total den Faden.

Vino Nobile di Montepulciano

Die Stadt auf hartem Tuffsteinrücken,
befestigt schon seit den Etruskerzeiten,
steil über Tälern, die sich unten breiten,
für Weingenießer wahrlich ein Entzücken.

Nur ihrem Adel war er vorbehalten,
der Vino Nobile im Fasse reifend,
die anfangs herben Töne von sich streifend.
Ein Sangiovese muß sich voll entfalten.

Der „Vino Perfettissimo", ein König unter Weinen,
in fürstlichen Palästen hoch geschätzt,
hat meine Lippen angenehmst benetzt.

Dann – schwankte ich auf unsicheren Beinen,
im Keller tanzten Fässer rings umher,
ich lachte, doch die Zunge ward mir schwer.

Sonett an den Bianco di Pitigliano

Ich stieg hinab in kühle dunkle Tiefen,
wo einst die Toten der Etrusker schliefen.
Jahrhunderte romantische Ruinen,
nun wohnen hier die Fässer in Kantinen.

Der Wirt kredenzte seinen besten Tropfen,
sein Duft betäubt und meine Adern klopfen,
der trockene Trebbiano lockt feinbitter,
dem zweiten Trunk folgt mindestens ein dritter.

Der Dom schwimmt auf dem Meer der Dächer,
ihn ignoriert der wohlig trunkne Zecher.
Nur den Palazzo trifft verschwommen noch sein Blick.

Er stolpert in die Herberge zurück.
Was Pitiglianos Schöpfer lustvoll hinterließen,
muß man mit einem „Bianco" hier begießen!

Sagrantino di Montefalco

Hoch auf Montefalcos Rücken
überfiel mich glatt Entzücken
in dem Kirchlein San Francesco,
wo Benozzo Gozzoli
malte reinste Poesie
an die Wände dort al fresco.

Umbrisch sausten mir die Ohren,
Lust verstopfte alle Poren,
denn ein wundervoller vino,
angesaugt in kleinen Schlucken
sackte ohne Wimpernzucken
mir zum Bauch: Der Sagrantino!

Und die Trüffelpasta stockte
in dem Magen und frohlockte,
als die purpurroten Fluten
pochend in die Adern schossen,
dann die Hirnhäute durchflossen,
Rausch erzeugend in Minuten.

Schwankend stand ich an der Schwelle
jener bunten Chorkapelle,
dachte nicht mehr an die Statik.
Heiter leuchteten Visionen,
menschlich in den Dimensionen,
florentinisch die Chromatik.

Ein gereifter Peccorino
und danach ein Cappuccino
dienten mir als Elektroden.
Ja, Benozzos virtuose
Kunst drang in mich durch Osmose.
Unter mir verschwand der Boden.

Prosecco

Gelegentlich hört man die vage,
immer noch erstaunte Frage,
was wohl ein Prosecco sei ?
Die Rebsorte ist eine weiße,
sie zieht in ganz Italien Kreise,
stammt aus Venetiens Kellerei.

Da gibt es einmal den Frizzante,
die CO_2-arme Variante,
der Schaum perlt schnell irgendwo hin.
Daneben hat man den Spumante,
die CO_2-reiche Variante,
da bleibt mehr Kohlensäure drin.

Der Flaschendruck bei dem Frizzante
hat eine niedrige Konstante,
sein Wert ist knapp unter 3 bar.
Spumante liegt beim Druck darüber,
dem schlaffen Trinker ist das lieber.
Spumante paßt zu Kaviar.

Für den Frizzante, der nicht teuer
bezahlt man keine Schaumweinsteuer,
das fördert unser Seelenheil.
Spumante macht den Fiskus glücklich
und prickelt trotzdem ganz erquicklich
beinah an jedem Körperteil.

Frizzante trank schon Herr Bramante
doch Dante mochte mehr Spumante.

Grands Vins de Bourgogne

In Burgund wär ich verloren,
Wein ist hier Hochwohlgeboren,
mal der dunkle Pinot Noir,
ein berühmter Antiquar.

Auch der weiße Chardonnay,
hat ein hohes Renommée
Vieles käme da infrage,
denn hier lockt so manche Lage.

Auf der Route des Grands Crus
zecht man toll schon morgens früh.
Côte de Nuits hat edle Tropfen,
die wild in den Adern klopfen.

Ach, hätt ich ein voll Bassin
mit dem edlen Chambertin,
der Napoleon verzückte,
als er nicht mehr richtig tickte.

Nähm ich den Clos de Vougeot
mit erlesenem Niveau,
würde ich schon beim Probieren
restlos den Verstand verlieren.

Auch ein Chardonnay könnt reizen,
um die Stimmung aufzuheizen,
ein Meursault käm da grad richtig,
doch nach dem wird man schnell süchtig.

Der Chablis hat solch Finesse,
Opulenz und Rafinesse,
ist wie Manna vom Grand Duc,
und macht volltrunken mit Glück.

Finalement ein Montrachet,
der krönt jede Soirée.
Freund Dumas hätt's mir erlaubt
„knieend mit entblößtem Haupt"

(Le Montrachet préféré d'Alexandre Dumas,
qui le buvait "à genoux et chapeau bas")

Der Hecht im Pinot
Brochet au four

Ein Hecht wirkt Wunder bei Neurosen,
schwimmt er im Lande der Franzosen
von Wein umspült in heißen Soßen.

Man hätschelt ihn in feinen Küchen,
verwöhnt ihn sehr mit frommen Sprüchen
und dünstet ihn in Wohlgerüchen.

Gewöhnlich ist sein Status quo
im Karpfenteich incognito,
erst später dann auch im Pinot.

Er taucht dort voll Melancholie
beim Déjeuner zunächst das Knie
und dann den Bauch in Pinot Gris.

Und zum Dîner erscheint er gar
in einen schönen Pinot Noir
als wahres Musterexemplar.

Doch beim Souper dann, Gottseidank,
besonders wenn der Abend lang,
liegt er in einem Pinot Blanc.

So herrlich geht es dort den Hechten,
sowohl den falschen, als den echten,
in guten Zeiten, auch in schlechten.

Vins de Champagne

Reben der Montagne de Reims,
Tummelplatz von den Dauphins,
seit der Renaissance geschätzt,
gern auf Festtafeln gesetzt.

Heimat sind die weißen spröden
fabelhaften Kreideböden.
Pinot noir die dunkle Sorte,
und daneben als Eskorte

Blanc de Blancs par excellence
honni soit qui mal y pense,
der gloriose Chardonnay,
Superstar aus Epernay.

Die Champagne öffnet Türen,
die rasch in Delirien führen.
Allerorts ein Meisterstück,
da gibt's niemals ein zurück !

Bordeaux-Weine

Reisen durch das Bordelais,
das erhitzt schon die Gemüter,
4000 Château-Weingüter,
eine wahre Odyssee.

Heute fand ich einen Roten,
Assemblage wohlgelungen,
er liebkost und schmeichelt Zungen,
und verdient die besten Noten.

Der Margaux bleibt unvergeßlich
als Grand Vin der Extraklasse,
kräftig, fruchtig und von Rasse,
die Empfehlung war verläßlich.

Schon Ausonius und die Römer
tranken Wein an der Gironde
Legionäre, tout le monde
machten es sich hier bequemer.

Henri, ein Plantagenêt
mochte Aquitanien's Weine,
und Aliénor wurde seine
legendäre gute Fee.

Engländer stets Großeinkäufer,
traditionsbewußte Säufer,
die auf gute Tropfen pochen.
Nachfrage ist ungebrochen.

Einem Haut-Médoc verfallen,
der wahrhaftig exquisit,
konnte ich dann nur noch lallen,
kurz vor dem Château Lafite.

Merlot

An der Dordogne auf Kalksteinhöhen,
und nicht sehr weit entfernt vom Meer,
kann man ein altes Städtchen sehen,
was fabelhaft und legendär.

Da träumt in bester Liaison,
umringt von Trauben des Merlot,
malerisch St.Émilion
ganz in der Nähe von Bordeaux.

Hier füllt man gerne seine Gläser
und zecht bis man zusammenbricht,
dann beißt man stöhnend in die Gräser,
denn etwas Bess`res gibt es nicht.

Urteil

„Beim Bordeaux bedenkt,
beim Burgunder bespricht,
beim Champagner begeht man Torheiten."
(Brillat Savarin, Richter und Schriftsteller)

Aber wenn Sie's nicht glauben,
fragen sie ihren Arzt oder Apotheker.

Rioja

Denk ich an Rioja-Weine
bin ich sicher nicht alleine,
denn ein Trunk davon tut gut,
und veredelt unser Blut.
Eichenfässer, kaum zu zählen,
lagern tief in feuchten Höhlen.

Der Crianza ruht ein Jahr,
und schmeckt schon ganz annehmbar.
Ein Reserva, stolzgeschwellter,
ist dann noch ein Jährchen älter.
Gran Reserva ist die Spitze,
Donnerwetter ! Keine Witze !

Denn drei Jahre lang im Faß
liegt dies unglaubliche Naß.
Dann begibt es sich in Flaschen
zum Genießen und Vernaschen.
Und es nahen Prozessionen,
die den Winzer sehr belohnen.

Im „Land Gottes" fand ich Plätze,
wo gespeichert Wahnsinns-Schätze.
Haro ist die Orchestrale
der Bodega-Kapitale.
und ein „Tinto", der sehr trocken,
haute mich dort aus den Socken.

Francisco Goya: Hinten schuften die Winzer
vorn amüsiert sich der Adel

Sherry von Jerez

Das andalusische Jerez
lebt ewig schon im Weinexzeß.
Die Hähne von den Dächern pfeifen
daß dort die Sherry-Weine reifen.
Die Böden sind von Kalk geprägt,
worauf der Winzer Reben hegt.
Sein Wein gelangt in Eichenfässer
und wird dort langsam immer besser.

Das Faß ist nur dreiviertel voll,
Luftzufuhr ist wirkungsvoll,
Hefeschichten auf dem Wein,
bilden „Flor", und der muß sein.
Übereinander in drei Lagen
Fässer in Bodegas ragen.
Alte Weine mit den Frischen
darf man jahrelang vermischen,

denn von oben wird nach unten
raffiniert der Wein entbunden.
Im Solera ist vermählt,
was für den Export gewählt.
Die Bodega-Kathedralen
Spaniens Schätze überstrahlen.
„Sherry" sprach ein alter Lord,
dann trugen ihn die Englein fort.

Diego Velazquez: „Los Borrachos"
Der Gleichstellungsbeauftragte Dionysos besucht Zechgenossen

Port vom Douro

Bekomm ich einen guten Port,
dann trink ich ihn, und er ist fort.
Dies Schicksal kennen alle Flaschen,
an denen Portweintrinker naschen.

Das Schöne an dem Port ist wohl
sein hoher Anteil Alkohol.
Man kippt hinein, das sei notwendig,
ein Destillat, achtzig prozentig.

Während die Gärung tüchtig läuft
und lang bevor der Trinker säuft,
wird so der Portwein aufgespritet,
wonach er ein paar Jährchen brütet.

In England, wo das Wetter cool
trinkt jeder, who is not a fool,
bei heftigem Erkältungsleiden,
um nicht von dieser Welt zu scheiden,

one big bottle meist pro Abend,
was erquickend ist und labend.
Ein guter Port ist Medizin,
denn er versenkt Cholesterin.

―――

Zu beneiden sind die Knaben,
welche reichlich Portwein haben
(Churchill)

Abgesang zum Wein

Es gibt sicher Weinregionen,
die noch mehr Beachtung lohnen.

Damit dieses Buch nicht platzt,
wenn der Weinfreund weiter schwatzt,
wird nach einem weiten Bogen
nun ein Schlußstrich hier gezogen

Es gibt noch viel Bildungslücken.
die den Autor sehr bedrücken

Rubens: Trunkener Silen

Das Sekt-Finale

Vom Sekt

Das Wesentliche ist beim Sekt,
daß er gut schäumt und herrlich schmeckt,
daß er in alle Knochen dringt
und dort das Mark zum Kochen bringt,
daß er auch das Gehirn erfrischt
und Schwermut aus der Seele wischt,
kurzum, daß er als tolles Elixier
uns fröhlich stimmt, und nicht nur hier.

Rembrandt van Rijn: „Der verlorene Sohn"
Ein Prosit auf die Gemütlichkeit!

Dom Perignon

Benediktinermönche waren
im Großen Ganzen sehr erfahren,
sie konnten wunderbar Latein,
und ließen alle Sünden sein,
nur eine nicht – das Trinken.

Sie lebten in den Klöstern meist
beflügelt von dem Heil'gen Geist,
sehr fleißig und beschaulich,
ihr Wirken war erbaulich.
Die Nase – war ein Zinken.

Sie machten wundervollen Wein
und einer aber obendrein
erfand die Flaschengärung.
Mit Kork verschloß er jedenfalls
zuvor den engen Flaschenhals.
Sein Trick erfuhr Vermehrung.

Er formte, was auch sehr prägnant,
die ziemlich dicke Flaschenwand,
damit sie ja nicht platze.
Und lagerte den neuen Wein
in tiefe Kreidehöhlen ein,
gleich einem teuren Schatze.

„Champagner" heißt sein Star-Produkt,
so steh's im Lexikon gedruckt,
sein Wissen wurde erblich.
Der Mönch, das war Dom Perignon,
auf ihn sang man so manch Chanson.
Seine Name ist unsterblich.

Unsere Sektgrundweine

Sektgrundweine heißt formal
allgemein das Material,
das für all die Sprudelfunken,
die geschlürft und weggetrunken
ein Geschmacksmerkmal ergeben,
das charakteristisch eben.

Riesling ist an manchem Orte
dominierend wohl als Sorte,
doch das Angebot wird bunter
durch Pinot und Spätburgunder
Chardonnay und Sangiovese,
von ganz anderer Genese.

Macabeo, Muskateller
die sind gleichfalls ein reeller
Stoff aus dem der Sekt entsteht
und dann in die Flasche geht.
Italiener und Franzosen
im Cuvée zusammenstoßen
Ja, selbst Spaniens gute Säfte
mischen sich in die Geschäfte.

Halb Europa kommt zusammen
bei den Produktionsprogrammen.

Flaschengärung – Tankgärung

Früher schwor man, zwecks Ernährung
auf bewährte Flaschengärung.
Sekt-Flaschen hat man geschüttelt,
umgedreht und handgerüttelt.

Die Flasche wurd dabei geneigt,
und so – ein Hefepfropf erzeugt,
der weiter unten ganz exakt
im engen Flaschenhals versackt.

Der Pfropf wurd weiter raffiniert
gefroren und – dann degorgiert,
er hüpfte aus der Flasche,
zerfiel zu Staub und Asche.

Vom Rütteln kriegte, durch Gewöhnung,
der Kellermeister Schüttellähmung,
und häufig flog ihm an den Kopf
ein tiefgefrorner Hefepfropf.

Deshalb erfolgt heut Gottseidank
die Gärung meist im Großraumtank.
Dort wird die Süße überwacht
und auch die Filtration gemacht.

Dabei kommt tüchtig Druck ins Spiel,
nicht zu wenig, nicht zuviel.
Wenn dann der Sekt zum Tank rausquillt,
wird er in Flaschen abgefüllt.

Die Kohlensäure

Die Kohlensäure ist ein Gas,
das züchtet man in Flaschen,
und macht uns allen sehr viel Spaß,
sobald wir Sekt vernaschen.

Es ist ein Kohlendioxyd,
das lustig schäumt und prickelt.
Es kitzelt manchmal das Gemüt,
sobald es sich entwickelt.

Wenn sich der Sektkorken gelöst,
beginnt es wild zu sprudeln,
Der Sekt, den man sich eingeflößt,
erzeugt im Bauch ein Strudeln.

Bald läßt das Gas uns keine Ruh,
will nicht im Darm verweilen,
es quengelt sich dem Ausgang zu
in zwei getrennten Teilen.

Ein Teil des Gases flott entweicht,
beim Aufstoßen nach oben,
das kann ein jeder ziemlich leicht
mal unauffällig proben.

Ein zweiter Teil, der lautverstärkt,
geht ab – nach unten außen.
Wer so etwas bei sich bemerkt,
der geh bitte nach draußen.

CO-2-Ausstoß

Beim Sekt-Entkorken zweifellos
kommt es zum CO-2-Ausstoß,
den Klimaschützer hassen.
Sie fordern von uns Sektverzicht,
man sollt die Flaschen öffnen nicht,
sondern im Kühlschrank lassen.

Ich denke mir das Gegenteil,
denn Sekt rettet das Seelenheil,
er reizt uns, ihn zu schmecken.
Man sollt stattdessen, wenn man's schafft,
die Klimaschützer dauerhaft
in einen Kühlschrank stecken.

Aggregatzustand des Sekts

Wenn man mich fragt, was ich so bräuchte,
damit ich meinen Geist befeuchte,
dann sage ich: „am besten Sekt",

teils flüssig, oder halbe-halbe
in fester Form, von mir aus Salbe.
Die Hauptsach ist, daß er gut schmeckt.

Warnung

Der Sektkork, wenn er rausfliegt knallt,
man hält die Flasche festgekrallt,
das Auge lacht, die Zunge lallt,
der Knall zuweilen ziemlich hallt.

Die Sekt-Flasche, auch wenn sie kalt
hat einen hohen Gasgehalt,
das ist gefährlich dergestalt,
da mit dem Knall entsteht Gewalt.

Ich sag es unter Vorbehalt,
bedenklich ist der Sachverhalt,
wenn dieser Kork, mit Wucht geballt
dem Sektfreund auf das Auge prallt.

Vom Schaumwein

Der Mensch ein Wesen, das gern träumt,
mag Schaumwein, der leicht überschäumt.
Wenn es der Mensch aber versäumt,
den Schaum zu schlürfen, wenn er schäumt,

dann läuft der Schaumwein mit Gezisch
ihm auf die Brust und auf den Tisch,
es gibt ein heftiges Gewisch,
der Anzug ist nicht mehr ganz frisch,

das Hemd hat sich schon aufgebäumt,
das Tischtuch wird gleich abgeräumt,
der Unfallort wird eingezäumt,
der Traum hört auf, den man geträumt.

———

Schaumwein gibt's in kleinsten Hütten
für ein glücklich liebend Paar
(Schiller)

Schlußwort

Weinkultur hat viel Nuancen,
Dichter fallen da in Trancen,

machen Musen gleich Avancen,
und verlieren die Balancen.

Doch das bietet neue Chancen.
Poesie schafft Renaissancen !

Guido Renis kleiner Dionysos –
„Laß den Bub auch mal was trinken !"

WEIN-POESIE
Erster Teil, Zweiter Teil und Dritter Teil

Der Buchtipp

Buchempfehlung im Weinmagazin VINUM (Juni 2009):

„Winfried Rathke ist ein vollmundiger Weingenießer und hat zwei Eigenschaften, die man selten in der Weinwelt findet: Witz und Ehrlichkeit. Die Weingedichte des pensionierten Mediziners drehen sich um praktisch alles, was mit dem Thema zu tun hat. Einfach komisch, einfach menschlich."

Wein-Poesie - Erster Teil
Illustriert
Autor: Winfried Rathke
ISBN: 978-3-00-031482-7
Veröffentlicht: April 2009

Wein-Poesie - Zweiter Teil
Illustriert
Autor: Winfried Rathke
ISBN: 978-3-00-031483-4
Veröffentlicht: Juli 2010

Wein-Poesie - Dritter Teil
Illustriert
Autor: Winfried Rathke
ISBN: 978-3-00-034307-0
Veröffentlicht: Mai 2011

Wein-Poesie - Erster Teil
Warum Weinpoesie? Weil einfach mal etwas Neues passieren mußte. Fast die gesamte Weinlyrik vergangener Jahrhunderte war abgegriffen, hatte ausgedient und paßte nicht mehr in die Zeit. Flaschenpfand? Drehverschluß? Fleckenentfernung? Korkgeschmack? CO-2-Ausstoß? Terroir? Gab es früher nicht. Also hat der Autor zunächst Wein-Quellen aus Bibel, Mythologie und Legende humoristisch neu aufgepolstert und dazu neue Begriffe in der kauzigen Manier des quer denkenden Satirikers in unterhaltsame Versform gegossen. Sinn der Sache: amüsanten Stoff zu bieten für Weingenießer, Weinproben und Winzer-Events.

Wein-Poesie - Zweiter Teil
Andere Fachbegriffe wollten thematisiert werden. Über Gläser, Flaschen, Mostgewichte, Hefepilze, Bioweine und die Schädlinge im Weinberg gab es kaum Lyrik-Ergüsse. Aber auch antikes Weinpersonal wie Hebe, Ganymed, Ampelos und Amethyst wollten genannt sein. Das breite Spektrum der verschiedenen Rebsorten wurde erläutert. Fremde „Eindringlinge", wie Chardonnay, Barolo, Retsina, Reiswein kamen zu Wort. Turbulente Dinge, die im Rausch passieren, konnten verbucht werden. Kein Thema, kein Kapitel glich dem Vorausgegangenen.

Wein-Poesie - Dritter Teil
Wieder ein totaler Szenenwechsel. Die Arbeit der Mönche im Weinberg, wieviel ihnen täglich zu trinken erlaubt war, wird geschildert. Shakespeare, Goethe, Hafiz und Chayyam liefern literarische Steilvorlagen. Falstaff und der Malvasier, König Artus' Tafelrunde und Don Quichote haben ihren Auftritt. Unsere Weinstraßen in Franken, Baden-Württemberg und Sachsen, in Rheinhessen und der Pfalz spielen sich in den Vordergrund. Immer wieder wird vom Autor das weite Feld der Medizin beschritten, der Weg des Weins durch die Körperwelten mitunter drastisch-skurril geschildert.

Fazit:
Jetzt liegt eine einmalige Trilogie vor. Circa 375 Gedichte fassen alle Aspekte des Weins in lockerer Versform zusammen. Und jeder Reim zielt auf das Zwerchfell des Lesers. Wie wilde Hummeln schwirren Pointen durch die Gegend. Der Rausch entfesselt die Poesie, und die Poesie will mit Wortwitz Stimmung erzeugen, und zwar ohne jedes Rest-Risiko. Der Autor möchte der Psyche auf die Sprünge helfen. Die 3 Bücher sind eine Hommage an die Weinkultur. Ganz nebenbei führt die Bebilderung durch ein virtuelles Wein-Museum.

Buchbestellungen: www.winfried-rathke.de

SEX AND CRIME IN DER ANTIKE

illustriert von Kevin Farrell
Autor: Winfried Rathke
ISBN: 3-9810308-0-X
Veröffentlicht: Mai 2005

Rathkes „Bestseller". Griechisch-römische Mythen zieht er gnadenlos durch den Kakao. Sisyphus-Arbeit, Tantalusqualen, Pegasos-Tritt und Ödipus-Komplexe werden parodiert und der Augias-Stall der olympischen High Society mit spitzer Feder gemistet.

Da bricht selbst Zeus in homerisches Gelächter aus, nachdem er Alkmenes Libido gestillt hatte. Die Musen laden zum Table-Dance und Herkules keult fleißig freche Ungeheuer. Mit Illustrationen von Kevin Farrell.

LITERATORTUR

illustriert von Kevin Farrell
Autor: Winfried Rathke
ISBN: 3-9808438-9-0
Veröffentlicht: Mai 2005

„Bildungsliteratur" völlig entkalkt, sinnvoll gekürzt und wohltuend entfremdet. Bildung sei das was bleibt, wenn man alles Gelernte vergessen hat.

Goethe, Schiller, Kleist, Shakespeare, Zola, Flaubert, Maupassant, Fontane, Dostojewski u.a. im satirischen Radikal-Verschnitt.
Mit Illustrationen von Kevin Farrell.

Buchbestellungen:
www.winfried-rathke.de

ROM UND ITALIEN MAL GANZ ANDERS

illustriert
Autor: Winfried Rathke
ISBN: 3-9808438-8-2
Veröffentlicht: März 2005

Ein launiger Führer durch den sonnigen Stiefel. Reiseimpressionen eines kunstbesessenen und genußsüchtigen Spaßvogels.

Von der Po-Ebene bis in die Zehenspitze Kalabriens, vom Knie der Campagna bis zur Hacke Apuliens Reportagen für Kulturnomaden. Vergil und Cäsar, Dante und Goethe, Pizza und Lasagne, Aida und Rigoletto senden „cordiali saluti"!

MEIN WÖRTERSEE

nicht illustriert
Autor: Winfried Rathke
ISBN:3-9808438-6-6
Veröffentlicht: September 2004

Ein heißes lyrisches Wellness-Bad, in dem es sich lohnt, zu ertrinken.

130 Gedichte zum Kichern und Kopfschütteln. Auslassungen über: Meerbusen, Eieruhren, Jogging, Sündenfälle, Küchenschaben, Seebestattung, Wandernieren, Trauerklöße und Schluckspechte.

Buchbestellungen:
www.winfried-rathke.de

DICHTUNG UND NARRHEIT

Illustriert von Kevin Farrell
Autor: Winfried Rathke
ISBN: 3-9808438-3-1
Veröffentlicht: Juni 2002

Kurzweilige Geschichte, verworrene Legenden und profane Glossen, auch manch sakrales Amusegueule.

Heilige und Sünder, Wahnsinnige und Besessene werden den ganz normalen Narren der Weltprominenz gegenüber gestellt. Eine vergnügliche und respektlose Historiographie. Mit Illustrationen von Kevin Farrell.

RANDNOTIZEN AUS ABSURDISTAN

Nicht illustriert
Autor: Winfried Rathke
ISBN: 3-980 8438-0-7
Veröffentlicht: Juni 2002

Kuriose Lyrik für trübe Tage, gereimte Ungereimtheiten, Fieberphantasien und Aberwitz.

Die Sachthemen: u.a. Gedächtnislücken, Harnröhren, Strumpfhosen Gürteltiere, Sandsäcke, Riechgeräte, Holzwürmer und „Gedanken zum hosenfreien Samstag".

Buchbestellungen:
www.winfried-rathke.de